歴史文化ライブラリー
305

時間の古代史

霊鬼の夜、秩序の昼

三宅和朗

吉川弘文館

目　次

古代の一日——プロローグ

1　古代の一日

昼と夜

古代の人々は、一日のうちの昼と夜を別々の時間帯に区別していた。たとえば、ヤマトタケルと御火焼（篝火《かがりび》を焚く役）の老人との酒折宮（現、山梨県甲府市）での問答歌で、ヤマトタケルが「新治《にいばり》　筑波を過ぎて　幾夜か寝つる（新治・筑波を過ぎて何晩寝たであろうか）」と歌ったのに対し、御火焼の老人が「日々並《かがな》べて　夜には九夜　日には十日を（日数を重ねて夜では九夜、昼では一〇日になります）」と返した（『古事記』中〈景行〉）とあるのは、昼と夜とを別々に数えており注目される。

『日本書紀』崇神《すじん》一〇年九月甲午条には、ヤマトトトヒモモソヒメが箸を陰部につきたてて死んだ後、葬られた箸墓《はしはか》について、「是の墓は、日《ひる》は人作り、夜は神作る（この墓は昼は人が作り、夜は神が作った)」とある。この墓は桜井市にある全長二八〇メートルの箸墓古墳で、日本列島内の最古の前方後円墳といわれ、築造年代は、最近の放射性炭素による年代測定から三世紀中頃という可能性が高くなっている。箸墓古墳が最古の前方後円墳であるとすると、巨大な墳丘墓の出現、それも墳丘面を葺石《ふきいし》が覆っていたとみられる（古墳が樹木に覆われるのは古墳造営当初の姿ではない）ので、当時の人々はこの古墳造営にただならぬ力が働いたと観念したのではないか。それで昼間は人が作る、夜は神が作るという伝承が生まれたのであろう。ここにも昼と夜とは異質な時間帯とされていたことが窺える。

平安時代の初期に景戒によって編纂された『日本霊異記《にほんりょういき》』（以下、『霊異記』と略す）には、伊豆に流罪になった役優婆塞《えんのうばそく》（役小角《えんのおづの》）が「昼は皇に随ひて嶋に居て行ふ。夜は駿河の富祇《ふじ》の嶺《たけ》に往きて修す（昼は天皇の命に従って伊豆嶋にいて修行した。夜は駿河国富士山に行って修行した）」（上―二八「孔雀王の咒法《じゆほう》を修持《しゆじ》して異《めずら》しき験力《げんりき》を得、以て現に仙と作りて天を飛びし縁」）とある。役小角が伊豆に流罪になったことは、『続日本紀』文武三年（六九九）五月丁丑条にあるが、夜に富士山で修行したというのはおそらくはフィクションであろう。ただ、フィクションであったとしても、昼は天皇が定めた秩序（流罪）に従い、夜にはそれを外れて富士山で修行したというのは、夜には昼間と別の意味があったと考えられていた証といえよう。

清少納言の『枕草子』六九段（「たとしへなきもの」）に「たとしへなきもの　夏と冬と。夜と昼と。雨降る日と照る日と。人の笑ふと腹立つと。老いたると若きと。白きと黒きと。人……（比べようもないほど対照的なもの　夏と冬と。夜と昼と。雨降る日と、日が照る日と。人が笑うのと腹を立てるのと。歳をとっているのと若いのと。白いのと黒いのと）」とある。この段の最後に夜烏が木にたくさんとまっていて、夜中に寝ながら騒ぐ。落ちそうになってあわてふためき、木を伝って目が覚めたばかりの寝ぼけ声で鳴いているのは、昼間の感じと違って面白いとまで指摘している。このうち、夜と昼が違うというのはもとよりとしても、夜烏と昼烏も違うというのは、なかなか興味深い観察ではないだろうか。

右の例のように、古代の史料では昼と夜とを区別することが非常に多い。とくに「八日八夜」（『日本書紀』神代、第九段本文）、「三日三夜」（『丹後国風土記』逸文）、「夜七夜昼七日」（「鎮火祭」祝詞〈『延喜式』八、祝詞式〉）のように「〇日〇夜」といういい方があるが、昼と夜とを別々に数えていたからに他ならない。

百鬼夜行

百鬼夜行《ひゃっきやぎょう》という言葉がある。これは『百鬼夜行絵巻』（図1）の存在からも知られるが、百鬼夜行という言葉自体は、藤原宗忠の日記、『中右記《ちゅうゆうき》』

図1　『百鬼夜行絵巻』部分（大徳寺真珠庵所蔵）

嘉保元年（一〇九四）五月二〇日条に、夜の京中に田楽が横行し、「或は裸行を以てし、或は烏帽《えぼし》を放ち、異躰奇異也。道に遇ふ者、百鬼夜行と以《お》為《も》へり（あるいは裸の姿であり、あるいは烏帽子をかぶっていない、という奇妙な格好である。道で出会ったものは百鬼夜行と思った）」というのが史料上の初見らしい。また、一一世紀後半から一二世紀前半に成立した『大鏡』にも「この九条殿は、百鬼夜行にあはせたまへるは。いづれの月といふことは、えうけたまはらず（九条殿師輔《もろすけ》〈九〇八～六〇年〉は百鬼夜行にお会いになられたのが、何月ということはうけたまわっていません）」として、「いみじう夜ふけて（たいそう夜更け）」に大宮大路の南で師輔は百鬼夜行に遭遇したという。すなわち、夜とは百鬼夜行の言葉通り、人間以外の異類が活動する時間であった。視覚が遮られる夜は人間の想像力が発現する時間帯といえる。それに対して、昼は人間が活動する、秩序や必然性が支配する時間帯で、夜とは区別されていた（後に詳述する）。ここに古代の人々の心性を考察する糸口がある。つまり、昼間と違って夜には人間の想像力が働くものとみられる。もっとも、それは古代のことだけではないだろうが、古代の夜は、現在の都会の明るい夜とは異質であったことは知っておかねばなるまい。現代では、コンビニの二四時間営業、あるいは繁華街の夜が真昼のように明るいことに象徴されるように、昼と夜との区別を、少なくとも都会の人間が感じなくなりつつあるのではないだろうか。しかも、こうした昼も夜も同じ環境のもとにあるという恒環境化が地球環境の破壊ともリンクしており、ここに放置できない多くの問題を生み出している（本川達雄『時間』）。

心　性

古代の人々の心性という言葉を右に使用したが、心性とは何であろうか。それについては、二宮宏之氏が的確な回答を提示されているので、それを次に引用しておく。「広い意味での『こころのありよう』を言うのであり、フランス歴史学のいう『マンタリテ』の概念がこれに当たる。……『心性』は、人びとのこころの、自覚されない隠れた領域から、感覚、感情、欲求、さらには価値観、世界像に至るまでの、さまざまなレヴェルを包みこむ広い概念といってよい」とある（「社会史における『集合心性』」）。先に夜には人間の想像力が働くと述べたが、それを古代の人々の夜に対する心性と言いかえても問題はあるまい。そして、本書『時間の古代史』で明らかにしたいのは、古代の人々の一日への心性であり、それは人間と自然環境との関係を解明するという環境史研究とも共通するテーマである。

昼夜朝暮

昼夜の区別に関して、より厳密にいえば一日は昼夜の交替だけではなかった。昼と夜の間の境界的時間帯として朝・夕があったことにも留意さるべきであろう。

一二世紀前半に編纂された『今昔物語集《こんじやくものがたりしゅう》』（以下、『今昔』と略す）の諸説話には一日を昼夜だけでは区分しない例がみられる。たとえば、一九―一四（「讃岐《さぬき》の国の多度の郡の五位法を聞きて即ち出づる語」）では源大夫という悪人が日夜朝暮に狩をしたり、魚を取ったりするとある。二九―二七（「主殿頭《とのもり》源章家罪を造る語」）でも源章家というきわめて気の荒い性格のものが昼夜朝暮に殺生を行う。二九―三二（「陸奥《むつ》の国の狗山《いぬ》の狗大蛇を咋《く》ひ殺す語」）にも陸奥国の狗山が犬を使って猪鹿を殺すことを昼夜朝暮の業とするとあり、三話とも一日を四分している。後述するが、朝・夕という時間帯は昼の明るさと夜の暗さが交錯する時間帯であった。昼と夜の間《はざま》の時間帯として、朝・夕には昼・夜とは別の心性も形成されたものとみられる。

昼（日）夜朝暮は『今昔』からはじまったわけではない。『今昔』以前の例では、『続日本紀』宝亀二年（七七一）二月己酉条の藤原永手《ながて》（七一四〜七一年）への弔辞の中に「天下公民の息安《やす》まるべき事を旦夕夜日と云はず思ひ議り奏したまひ仕へ奉れば（永手は天下公民が平安であるよう、朝・夕・夜・昼を問わず思い議って奏上し、仕え申し上げていた）」として、「旦夕夜日」とあること、『万葉集』三―四〇三は、大伴家持《おおとものやかもち》（？〜七八五年）が大伴坂上大嬢《さかのうえのおおいらつめ》に贈った歌であるが、「朝に日《け》に　見まく欲りする　その玉を　いかにせばかも　手ゆ離《か》れずあらむ（朝も昼も見たいと思うあの玉〈大嬢〉はどのようにしたらいつも手に巻いていられるのでしょうか）」として、朝と昼（「日」）を区分していることなどの例がある。このような一日の区分は、本書の大前提となる。

「黎　明」

『時間の古代史』の最初に、参照さるべき二つの先行研究を取り上げておこう。一つは、国文学者の益田勝実氏の「黎明《れいめい》」という論文である。この論文は一九六六年に『文学』三六―九に発表されたもので、筆者が最初に読んだのは三〇年ほど前であったろうか、その時の衝撃は今も忘れ難く、極めて印象的なものであった。

この中で益田氏は、「原始社会における日本人の想像力の状況は、今日からはにわかに推測することができない。……原始の日本人の想像法が、ずっと後々まで強力に生き続けて、日本人の想像力のひとつの鋳型の役割を果たしていることもあり……」とし、その具体例として「闇の夜と太陽の輝く朝との境に、なにか特別な、くっきりした変り目の一刻があった。異変が起きるのは、いつもその夜と朝のはざま、夜明けの頃でなければならなかった」と指摘する。そして、昔話や説話を手がかりに夜明けとは、第一に、「鬼の退場の時刻」であること――暁に鳥の鳴き声で退散する「鬼どもは、敏感で繊細な神経の持ち主ということになる」とも述べている――、第二に、鬼がやりかけた仕事が停止してしまうこと、第三に、鬼のやりかけの仕事は一瞬にして凝固してしまうことをあげ、「原始社会の人々の心の中に共通に横たわっていた時間様式、異質な夜と昼の連続としての一日の構造が、かれらの想像力を制約し、その想像の展開の仕方を規定する作用をした。その結果、黎明の一刻のふたつの異質な時間のはざまで体験しつづけた心の衝撃が、神々の物語の最後のクライマックスでの、大団円直前の中止・永遠の凝固という特色ある想像を生む」と指摘された。

また、本論文の「付記」に「こういう歴史的事実は、もっともっと多くの事例をあげ、つぶさに精細な検討を加えつつ論定されなければならないが、いまはいそいで予報的にその大筋を報告するにとどめたい。同時に、わたしは、後代に残留したさまざまな断片を組み立てつつ、しだいに原始の日本人の心の中にもどっていき、そこで第一次の形成を体験した、民族の想像力のなかみを調べ上げる、想像力史研究の前途は、やはり困難きわまるもので、楽観を許すひとつのよりどころもないことを痛感しているとも、付け添えて報告すべきであろう」とも説かれた。

益田論文の引用が長くなってしまったが、「付記」にある「想像力史研究」とは、今日でいえば心性史研究ということになるが、その先駆的な論文として注目されてよい。本書にとって、とくに夜と朝との違い、夜明け時の鬼の退場など大切な指摘といえる。ただし、夜と昼の間の夜明け（朝）に着目するのはその通りとしても、夕方に触れていない点など問題も残っているのも確かであろう。

「夜討ち」

中世史家の笠松宏至氏の「夜討ち」という論文も重要である。夜討ちとは、夜、門や垣根に囲まれた場所に討ち入ることで、中世では重大な犯罪行為とされていた。そもそも、東国の合戦のルールとして、①軍使の交換による合戦日時・場所の指定、②「一騎打ち」のつり合いのための「名乗り」、③敵の乗馬、非戦闘員、降参人の殺戮の禁止があるが、夜討ちは名乗りをしないなど、合戦のルールを無視した無法の戦であり、それは犯罪とされていた。

それに対して、保元元年（一一五六）の保元の乱において、源為朝は後白河天皇方への夜討ちを進言したものの、藤原頼長は天皇・上皇の合戦に夜討ちをすべきではないとして却下、逆に天皇方の源義朝の夜討ちにあって敗れたという有名な話がある。ここでは藤原頼長の判断は愚かであり、天皇方の判断（藤原信西《しんぜい》）は賢とされ、夜討ちそのものは非難さるべきではなく、むしろ武者の芸として評価を受けている。

ここから、笠松氏は、夜討ちに対する二つの見方（犯罪と武者の芸）について、立場が異なることによって全く違う見方があったことを窺わせる。つまり、昼と夜は別で、夜とは昼のおきてや法の外にあった。夜討ちとは無縁の世界と関連する。夜討ちを権力の側から見れば、すなわち昼から見れば犯罪であるのに対して、昼のルールが及ばない側（無縁）から見れば、夜討ちは武者の芸として賞賛されると説明する。この関係は、建武三年（一三三六）に制定された「建武式目」を境に変容していく。すなわち、「建武式目」では「狼藉《ろうぜき》を鎮めらるべき事（乱暴なふるまいを鎮められるべきこと）」に「昼打入り（昼間の討ち入り）」を筆頭にあげており、一四世紀を境に武者の芸としての「『夜討ち』」はその姿を消しかけていたのかも知れない」と指摘された。

無縁の世界に通ずる「夜討ち」の消滅についてはともかくも、夜討ちを肯定的に扱う姿勢、別言すれば中世前期の夜の世界がさらに古代社会にも遡るであろうことは十分予想できよう。

本書の構成

本書では、古代の人々の時間への心性を論ずるにあたって、史料として『今昔』をはじめ、『霊異記』、さらには八世紀代成立の『古事記』『日本書紀』『風土記』『万葉集』などの説話・伝承を、とくに昼に関しては平安期の儀式書を考察の対象とする。このうち、本書で取り扱った諸説話については、いつ頃成立したものかを見極めておくことも無意味ではないが、ここではとくに詮索せず、漠然と古代のものという程度で扱うこととした。というのも、古代の人々の心性が、ある歴史的事件を契機として急に変容していくとも考え難いからである。また、諸説話の内容そのものが史実して信用できるのかという問題もある。しかしながら、古代の人々が説話を真実として受け止めていたことも間違いのないところである。たとえば、夜に鬼に出会うという出来事が史実としてあったかどうかは今となっては確かめようがないが、鬼との遭遇を人々が観念していたことは疑いのない事実であろう。ここに説話を歴史学の材料として利用していく道があるのではないだろうか。

いずれにしても、古代の一日が朝・昼・夕・夜という別々の時間帯で区分されていたことを出発点として、益田・笠松両氏の指摘を踏まえた上で、右の諸史料から、まず「古代の夜」において、夜とは古代の人々にとってどのような時間帯であったかを探る。夜には鬼・霊・神などの異類のものが跋扈《ばっこ》する様子が上記の諸史料から窺えるはずである。あわせて古代の人々の夜の暮らしの一端にも迫ってみたい。その後、「古代の朝・夕」では、同様の手法で、朝と夕についても論ずる。次に「古代の昼と時刻」においては昼とは何かを問題にするが、その際、古代の王権祭祀を手がかりにしたい。古代の王権祭祀の中には夜に行われるものと、朝から昼間に実施されるものがあり、そのうち、後者からは昼間の意義を窺い知ることができるように思う。しかし、王権祭祀を取り扱うのはそれだけではない。平安期の儀式書には王権祭祀の実施時刻が規定されているからである。ここに朝・昼・夕・夜という時間とは異質な、漏刻《ろうこく》によって測定された時刻の問題が浮上するはずである。エピローグの「時季を感じる」では、古代の時間には朝・昼・夕・夜という人間の感性にかかわる時間と、漏刻による、機械的な時刻とがあるが、それは地域社会の間で多様に展開していたはずの自然暦と、古代国家が定めた暦（具注暦《ぐちゅうれき》）の関係ともほぼ対応することなどを指摘する。

なお、本書の末尾には付図として平安宮内裏《だいり》図（付図1）、平安宮大内裏図（付図2）、それに古代の時刻表（付図3）を載せておいたので、適宜参照されたい。

古代の夜

霊鬼と出会う夜

古代の人々は、夜に鬼、霊、神など、現世にはいない異界のものに出会うことがあった。それは『今昔《こんじゃく》』所載の諸説話などが証言するところである。実際、『今昔』には橋やその付近に夜、鬼が出たという話がいくつかある。そのうちの一つが二七―一四で、標題は「東国従《よ》り上る人鬼に値《あ》ふ語」である。

勢田橋の鬼

東国から上京してきた男が、勢田橋《せたのはし》（現、滋賀県大津市瀬田川の河口に所在）付近の人も住まないあばら家に泊まったところ、夜更けに、ほのかに灯した火影のもと、大きな鞍櫃《くらびつ》風のものが、「コホロト鳴テ蓋ノ開ケレバ（ごとりと音を立てて蓋が開いたので）」、男は鬼が出たのだろうと思い、起き上がって、馬に乗って逃げ出そうとした。その時、「鞍櫃ノ蓋ヲカサト開テ出ル者有リ。極メテ怖シ気ナル音ヲ挙テ、『己ハ何コマデ罷ラムト為ルヲ。我レ此ニ有トハ不知ザリツルカ』ト云テ、追テ来クル（鞍櫃の蓋がさっと開いて出てくる者があった。極めて怖ろしい声をあげて『おまえはどこまで逃げるつもりだ。おれがここにいるのを知らなかったのか』と言いながら、追いかけてくる）」。男は後ろを振り返って見たが、「夜ナレバ其ノ体ハ不見エズ（夜なので鬼の姿が見えない）」。勢田橋まで逃げたところ、とても逃げられそうもないので、馬を捨てて橋の下の柱の陰に隠れ観音を念じてうずくまっていると、鬼が追ってきた。「橋ノ上ニシテ極テ怖シ気ナル音ヲ挙テ、『河侍〻〻』ト度々呼ケレバ（鬼は橋の上で極めて怖ろしげな声をあげて『河侍〻〻〈河はいるかという意か〉』と何度も叫ぶ）」、橋の下から、答えて出てきたものがいる。「其モ闇ケレバ、何物トモ見エズ（それも暗いので何者とも分からない）」。以下は原文が欠落しており、この後の話の展開は不明である。

この話から、夜に鬼が出たことが知られる。しかし、夜の暗さの中で、鬼の姿形は分からない。それでも鬼と判断できたのは、鞍櫃の蓋が開いた音、鬼の怖ろしげな声といった音声である。すなわち、夜の暗さの中では視覚が遮られるだけに耳から入る音声（聴覚）が鬼という存在を想像せしめたものとみられる。

図2　瀬田橋の光景（『石山寺縁起絵巻』巻5，石山寺所蔵）

勢（瀬）田橋付近のあばら家や勢田橋で鬼が出たというのも看過できない。勢田橋の光景は、一四世紀前半に描かれた『石山寺縁起絵巻』に見える（図2）。橋のたもとに卒塔婆《そとば》が立っており、昼間でもやや不気味な印象がある。それが夜になって暗闇に包まれると、辺りの様子は一変したものとみられる。

そもそも橋は異界と現世とを結ぶ境界の一つであった。橋に鬼が出るというのは、この橋に限られたことではない。平安京の一条戻り橋（現、京都市上京区堀川下之町に所在）にも鬼が出た。『今昔』一六―三二（「隠形《おんぎょう》の男六角堂の観音の助けに依りて身を顕はす語」）は、一二月の晦日《つごもり》の夜、京の若い侍が一人で一条戻り橋を渡っていると、松明《たいまつ》をもった大勢のものが橋をわたってくる。男は橋の下に隠れて様子を見ていると、それは人間ではなく、怖ろしい鬼であった。「或ハ目一ツ有ル鬼モ有リ、或ハ角生タルモ有リ。或ハ手数夕有モ有リ、或ハ足一ツシテ踊ルモ有リ（一つ目の鬼もあり、角の生えた鬼もあり、たくさんの手のついた鬼もあり、足一本で踊る鬼もある）」。橋を最後に通過した鬼が隠れていた男を見つけ、四、五人の鬼が男に唾をかけて行ってしまった。これによって男は周囲の人々からは姿が見えない隠形の身になったが、最後には常日頃信仰していた六角堂（現、京都市中京区堂之前町に所在する頂法寺）の観音に念じて元の身にもどったという話。一条戻り橋の鬼も百鬼夜行を思わせるが、一二月晦日、月明かりのまったくない新月の晩、鬼は橋という境界を渡っていたことになる。橋とは鬼が出る有力な場所の一つであったといえよう。

安義橋の鬼

『今昔』二七―一三（「近江の国の安義《あぎ》橋の鬼人を噉《く》らふ語」）は、近江守の従者の男が、鬼が出没するという近江国の安義橋（現、滋賀県近江八幡市倉橋部町に所在）に向かい、夕方、男が橋を渡る際に女に化けた鬼に出会うが、計略をもちいてかろうじて鬼から逃げ帰ることができた（以上の前半部は後述する）。後半は、後日、夜に鬼は同腹の弟に化けて男の家を訪れる。この時、男は陰陽師《おんみようじ》の判断で門を閉じて固く物忌《ものいみ》をしていたが、鬼（弟）はたくみに門を開けさせ、まず二人は食事を共にする。その後、向かい合って亡き老母のことを泣く泣く語り合っているうちに、二人は急に取っ組み合いになり、ついに鬼は男の首をぷっつりと食い切り、踊るように出て行こうとした。その時、鬼は妻の方を見て、嬉しいという。「面ハ朱ノ色ニテ、円座ノ如ク広クシテ目一ツ有リ。長ハ九尺許ニテ、手ノ指三ツ有リ。爪ハ五寸許ニテ刀ノ様也。色ハ緑青《ろくしょう》ノ色ニテ、目ハ琥珀《こはく》ノ様也。頭ノ髪ハ蓬《よもぎ》ノ如ク乱レテ、見ルニ、心肝迷ヒ、怖シキ事無限シ（顔は朱色で、円座のように広く、目が一つついている。長さは九尺〈二・七メートル〉余り、手の指は三本。爪は五寸〈一五センチ〉余りで刀のようである。からだは緑青色で目は琥珀のようである。頭髪は蓬のように乱れており、見ると肝がつぶれ、言いようのない恐怖に襲われた）」というのであるから、夫が安義橋で目撃して妻子や一族の者に語ったという鬼の姿そのままであったと思うや否や、鬼は「掻消《かきけ》ツ様ニ失ヌ（掻き消すように見えなくなった）」とある。

この話からも、鬼の出現がやはり、夜（前半は夕方）であったことが窺える。しかも、安義橋という境界には鬼がいたこと、後半では男の家の門という境界を通って男の家に侵入することに成功したこと、男は鬼（弟）と取っ組み合いをする中、弟の異様な力を感じて弟を鬼と察知したとみられること、一条戻り橋の鬼と同様、鬼の具体的な姿形が描写されていること、また、鬼の退場は「掻消ツ様ニ失ヌ」とあるように、あまりにも唐突であったことなどが読み取れる。

「搔キ消ツ様ニ失ヌ」

鬼の突然の退場は、鬼ばかりではないが、異類全般の退場の仕方として際立つものがある。安義橋の鬼以外にも、たとえば、『今昔』一七―一一（「駿河《するが》の国の富士の神主地蔵を帰依《きえ》する語」）は、駿河国富士の宮の神主、和《わ》気光時《けのみつとき》が馬に乗って道を進んでいったところ、一七、八歳の僧と出会った。光時は下馬もせず、僧に話しかけると、僧は「忽《たちまち》ニ搔消ツ様ニ失ヌ」。その夜、光時は、夢に僧が長年帰依していた地蔵菩薩であったことを知り、懺悔《ざんげ》して非礼を改めたという話。『今昔』二〇―四〇（「義紹院知らぬ化人に施を返されて悔ゆる語」）は、元興寺（平城京左京四・五条七坊に所在）の義紹院という僧が馬に乗ったまま乞食に衣服を恵んだところ、乞食は義紹院の非礼を咎めて衣服を投げ返し「搔消ツ様ニ失ス」。義紹院は乞食が神仏の化身であったとして後悔したという話。『今昔』二七―二九（「雅通の中将の家に同形の乳母二人在る語」）は、源雅通（?～一〇一七年）の家の乳母が幼児を遊ばせていたところ、同形の乳母が現れて幼児の奪い合いになるが、雅通が太刀をひらめかして走りかかると、一人の乳母が「搔消ツ様ニ失ニケリ」という話など。

このような異類の退場は『今昔』だけに見られるものではない。『霊異記《りょういき》』中―二〇（「悪夢に依りて、誠の心を至して経を誦ぜしめ、奇しき表を示して、命を全くすること得し

(『紀長谷雄草紙』第5段，永青文庫所蔵)

縁」）は、国司の館の屋上で母親の危急を救った七法師が「忽然《たちまち》に見えず（急に姿が見えなくなった）」という話、『古事記』中（崇神）で、高志《こし》の国に派遣されたオオビコが山代の幣羅《へら》坂（現、京都府木津川市に所在）で不思議な歌を歌う少女に出会ったが、その少女は「忽に失せぬ（忽然として姿を隠した）」という話などがある。いずれにしても、異類の退場が唐突であったことに注目しておいてよいだろう。

ちなみに、鬼の突然の退場の様子が『紀長谷雄草紙《きのはせおそうし》』に見える。平安期の大学者であった紀長谷雄（八四五〜九一二年）を題材にした『紀長谷雄草紙』の製作時期は一四世紀初頭であるが、詞書《ことばがき》によると、紀長谷雄が双六《すごろく》の勝負をして男（朱雀《すざく》門の鬼）から得た美女を、約束に反して長谷雄が抱いてしまうと、美女は水となって流れ去ってしまった。その三月ほど後の夜更け、長谷雄が内裏《だいり》から帰る途中、鬼が現れて、その約束違反を責めた。長谷雄が北野天

図３　示現する鬼(右)と退散する鬼

神に祈ると、鬼は「かきつけごとくうせにけり」とある。『紀長谷雄草紙』は、鬼が突然、牛車《ぎっしゃ》の前に現れ、その後ぱっと消える場面を描いているのであろう（図３）。長谷雄が乗った牛車に付き従う供人が手に松明をもっていることからも、長谷雄と鬼との出会いも夜の出来事であった。

「くらゝとうせぬ」

一二世紀後半製作の『粉河寺《こかわ》縁起絵巻』は、紀伊国那賀郡粉河寺（現、和歌山県紀の川市粉河に所在）の本尊、千手観音の造立《ぞうりゅう》縁起と河内国の長者の娘の病が治癒し、娘とその一家が粉河に赴き、千手観音の前で出家するという前後二段の話からなる。この中で興味深いのは後段で、童の行者（千手観音の化身）の七日間の祈禱によって、七日目の早朝、長者の娘の病気が治ると、童の行者は「我は、紀伊国なんかのこほりに粉河といふ所にはべるなり（我は紀伊国那賀郡粉河というところにいます）」と言って、「くら、とうせぬ（『くら』と消えた）」。次の年の春、長者一家は紀伊国那賀郡の山中に千手観音を見つけ、一家は即座に出家したとある。このうち、「くらゝ」という語の意味は、まだつきとめられていないが、童の行者という異類のものが唐突に姿を消したということを表しているのであろう。とすれば、「くらゝとうせぬ」も「掻キ消ツ様ニ失セヌ」と同じような意味と考えてよいのではないだろうか。

早すぎた出勤

『今昔』の中から、もう一つ、鬼の話を取り上げておこう。『今昔』二七―九は「水尾ノ天皇ノ御時（清和《せいわ》天皇〈在位八五八～七六年〉の時代）」という話で、概要は以下の通り。太政官では早朝の執務を行う。それには官人は夜明け前に松明をつけて登庁するのであるが、史《さかん》は上役の弁がすでに出勤していることを知って、あわてて庁舎に入ると、火も消えて人の気配もない。火を灯してみると、弁の座には血まみれで頭髪が所々についた頭と笏《しゃく》・沓《くつ》・扇があるだけで、他のものはまったく見えない。やがて夜が明けると、多くの人が集まってきて、大騒ぎになったという話。この話には、鬼は直接出てこないものの、頭しか残らなかったという異様な死体から鬼に食われたという判断が生まれたのであろう。標題に「官の朝《あさまつりごと》庁に参る弁鬼の為に噉らはるる語」とある。

弁の出勤は少しばかり早すぎたものとみられる。そのため、夜の時間帯、すなわち、鬼の時間を侵犯してしまったのであろう。夜明け前の時間には、かかる悲劇も起きるものであった（森正人「霊鬼と秩序」）。また、夜明けに人々が凄惨な光景を見る。まさに朝とは、夜の異変を察知する時間帯でもあったことにも留意したい（後述）。

道場法師と鬼

『霊異記』にも鬼は登場する。そのうちの一つ、上―三（「電《いかずち》の憙《むがしび》を得て、生ましめし子の強力《ごうりき》在りし縁」）は、尾張《おわり》国出身の強力の童子（道場法師）が元興寺（飛鳥寺）の童子になる。元興寺では、鐘堂で毎晩のように鐘つき役の童子が死ぬ。そこで、道場法師はその災いを止めようとして、鐘堂の四隅に四つの燈火を置き、鬼を捕まえる時に燈火の蓋を開けるよう四人の童子に命令する。そのような準備のもと、鬼が半夜（半夜とは六時の一つで、一日の昼夜をそれぞれ三度に区分して初夜・半夜・後夜、晨《じん》朝《ちょう》・日中・日没とし、鐘を合図に僧侶が修行する）に現れる。この時、鬼は道場法師の姿を見て退いた。後夜に再び現れた時、童子は鬼の頭髪を捉えて鬼と引き合う。道場法師は、鐘堂の四隅の燈火の蓋を次々と開け、晨朝（夜明け頃）に、鬼は頭髪を引き剝がされて逃げ出す。朝に鬼の血の後を追っていくと、「其の寺の悪しき奴を埋み立てし衢《ちまた》に至る（『寺の悪しき奴』を埋めた衢に到っていた）」。鬼の頭髪は今も元興寺に寺宝として保管されているという話。

この話でも、鬼の登場は夜の時間帯であった。夜明けには鬼は頭髪を引き剝がされながら逃げ出したというのであるから、朝の明るさを前に鬼は退散するほかなかったのであろう。道場法師が鐘堂の四隅に準備したという四つの燈火とはどのような装置かよく分からないが、少なくともこの光は朝の明るさに匹敵するもので、夜に鬼を撃退するのに最も効果的と考えられていたものであろう。また、頭髪を奪われた鬼が衢に逃げ込んだ点にも注目したい。衢とは道がいくつも分かれる辻のことで、境界領域であった。「寺の悪しき奴」を埋めた衢の意味については諸説あるが、いずれにしても鬼が衢に逃げ込んだということは、逆に鬼が衢から出てきたということになる。すなわち、毎晩、鬼は衢を通って現世と異界の間を往復していたことに他ならない。

本話の紹介箇所の末尾に、鬼の頭髪が寺宝になっているという件がある。『扶桑略記《ふそうりやつき》』（神武から一一世紀末までの仏教を中心とする歴史書）治安三年（一〇二三）一〇月一九日条には、藤原道長（九六六〜一〇二七年）が高野山《こうやさん》に参詣する途中、本元興寺に立ち寄り、宝倉を開かせたが、「鐘堂の鬼頭忽ち撰び出で難し。物多く事忙しきに依る也（鐘堂の鬼頭を直ちには探し出すことができなかった。物が多く多忙のためである）」として実見することができなかったという記録がある。そもそも、この鬼の頭髪は道場法師の鬼退治の話が真実であることを保証するものであった。したがって、鬼の頭髪が実際に存在する以上、少なくとも道長の時代までは、この説話が真実として人々の間に受け止められていたはずである。

楢磐嶋と鬼

『霊異記』中―二四（「閻羅《えんら》王の使の鬼、召さるる人の賂《まいない》を得て免しし縁」）は、平城京の大安寺（左京六条七条四坊一帯に所在）の西の里に住み、大安寺から資金を借りて交易をするという楢磐嶋《ならのいわしま》の話である。すなわち、磐嶋が越前の都魯鹿《つるが》（敦賀）の津に交易に出かけた帰り、突然、病にかかったため、磐嶋は一人で家に帰ろうとして馬を借り乗っていった。近江の高島郡磯鹿《しが》（滋賀）の辛前《からさき》（唐崎）で三人のものが追ってくる。そして、彼等は終に山代の宇治橋（現、京都府宇治市に所在）で磐嶋に追いつく。三人は閻羅王の使で、磐嶋を召す役であると磐嶋に語ったので、磐嶋は家に着くと、求められるままに鬼たちに牛を薦める。ご馳走を得た鬼たちは、磐嶋の身代わりに同じ年生まれの率川《いざかわ》社（大和国添上郡の式内社、率川坐大神神御子神社のこと〈現、奈良市本子守町に所在〉）の相八卦《そうはつけ》読《よ》みを召すといい、高佐麻呂・中知麻呂・槌《つち》麻呂という三人の鬼が罪から免れるよう、三人の名前を呼び上げて金剛般若経を百遍読んで欲しいと言い残して、

「夜半に出て去る。明くる日見れば、牛一かしら死にたり（真夜中ごろ鬼たちは出て行った。夜が明けてみると、牛一頭が死んでいた）」。磐嶋が大安寺の南の塔院の沙弥仁耀《しゃみにんよう》法師に頼んで金剛般若経を百遍読んでもらうと、三日後、使の鬼がやってきて、大乗の力で罪を免れたなどといい、「忽然に失せぬ（たちどころに姿を消した）」。その後、磐嶋は九〇余歳で死んだ。

この話からも、夜のうちに三人の鬼が磐嶋の家に来たことが窺える。鬼たちが牛一頭を食べたことは、翌朝、人々によって目撃されたはずである。牛一頭を一晩で食べてしまう鬼たちの力を、朝に驚きをもって磐嶋たちは思い知ったものと思う。また、鬼が姿を消す時には「忽然に失せぬ」とあるが、これが『今昔』にいう「掻消ツ様ニ失ヌ」と同じであることはいうまでもあるまい。

磐嶋が最初に鬼たちの追跡に気づいたのが、琵琶湖畔の唐崎であったというのも注意される。サキとは、水面に突き出た空間である。異界の神の憑り来る場として、人間の世界との境界領域であった（中川ゆかり「神霊の憑り来るサキ」）。宇治橋のハシも鬼などが出現する境界であったことはすでに勢田橋・安義橋の鬼のところでも指摘した通りである。そうした場所で鬼が磐嶋に追いつくという本話の設定は、境界的なサキ・ハシの意味を踏まえたものであろう。とすると、磐嶋が鬼に出会った時間帯も、とくに『霊異記』に記述されているわけではないが、鬼が夕方か夜に示現している例が多いので、夕方か夜のこととみるべきではないだろうか。仁耀法師が読経した後、鬼が現れるのも、やはり夕方か夜の時間と解するのがよいだろう。

夜と鬼

以上、『今昔』『霊異記』から鬼が登場する話をいくつか紹介した。鬼の話は右にあげたものに留まらないが、時間論を念頭において、鬼の説話のポイントを整理しておくと、鬼の出現時間は夜（夕方）であったこと、朝には鬼は退散してしまうこと、また、朝には明るい光の下で鬼の仕業を人々が発見して驚愕することが指摘される。また、鬼の姿形は、一条戻り橋や安義橋の鬼などには表現されていたものの、勢田橋の鬼、太政官庁に出現した鬼、楢磐嶋に迫った鬼などには姿形の描写がない。道場法師が退治した鬼については頭髪だけが強調されているのも、同様であろう。かかる勢田橋以下の鬼は、鬼が姿形を見せないという本来のあり方を『今昔』の時代にまで継承しているものと判断される。もとより、これは夜には視覚が遮られることに一因があろう。その代わり、夜には視覚以外の感性が働き、古代の人々の想像力が大いに発揮されたとみられる。

夜に活躍する異類は鬼に限られていたわけではない。『今昔』巻二七は霊鬼に関わる四五の話を収録しているが、この巻に登場する異類は、鬼以外に霊（死者の霊）・精《たま》・野猪《くさいなぎ》（たぬき）・狐・神に分類される（森正人「霊鬼と秩序」）。そこで、以下では鬼以外の霊や動物といった異類の話を取り上げてみたい。

死霊の訪れ

『今昔』二七—二六は「女死ぬる夫の来たるを見る語」と題する、次のような話である。河内国に住む、笛の上手の美男が大和国の女と結婚する。三年ほどして夫が思いがけず急死してしまう。夫の死後、三年目の秋、真夜中に笛の音が遠く聞こえ、やがてその音は女の部屋の蔀《しとみ》のもとに寄ってきた。「此レ開ケヨ（ここを開けてくれ）」という声は夫の声なので、女が蔀の隙間から覗くと、夫が立っていた。夫の姿は生きていた時のままであったが、袴の紐は解けており、からだからは煙が立ち上っていた。夫は一日に三度、地獄の猛火に焼かれるという責め苦を受けているといって、「掻消ツ様ニ失ニケリ」。女は夢かと思ったが、夢ではなかったので、不思議なことと思うばかりであった。

この話の夫の霊は、女の部屋の蔀の前という境界領域に立ち現れるが、それは夜の出来事であった。しかも、退場の仕方も、鬼と同様、「掻消ツ様ニ失ニケリ」と唐突なものであった。また、夫の霊ははじめ笛の音、次に「此レ開ケヨ」という声で女のもとに立ち現れた。暗い夜の中で、まず姿形ではなく、音声が来訪者の到来を告げていたことに留意したい。折口信夫《おりくちしのぶ》氏によると、「おとなふ」、「おとづる」という言葉は、音をたてること、すなわち、訪問を意味した（「春来る鬼」）という。これは、平安末期の辞書『類聚名義抄《るいじゅみょうぎしょう》』が「音」に「オトツル」、『色葉字類抄《いろはじるいしょう》』が「音」に「ヲトナフ」と注していること、『今昔』二七―二〇（「近江の国の生霊京に来て人を殺す語」）が訪問の語を「音ヅレ」と記していることなどからも認められよう。

産　女

『今昔』二七―四三（「頼光の郎等平季武産女《すえたけうぶめ》に値ふ語」）は美濃《みの》国の話で、主人公は美濃守源頼光（九四八～一〇二一年）の郎党、平季武。美濃国の渡（現、岐阜県美濃加茂市川合、今渡《いまわたり》付近）において、夜に川を渡ろうとすると、産女（難産で死んだ女の亡霊）が赤子を泣かせて「此レ抱ヶケ（これを抱け、これを抱け）」というとの話があり、季武が渡に出向いて渡河することになった。三人の同輩が季武を見届けるため、季武の後を走ってついていく。「九月ノ下ツ暗《やみ》ノ比ナレバ、ツ、暗ナルニ（九月下旬の月のない頃で、真暗闇の中）」、季武は馬に乗って「河ヲザブリ〳〵ト渡ルナリ（川をざぶりざぶりと渡る音が聞こえる）」。季武が川を渡って引き返すとき、川の中ほどで「女ノ音《こえ》ニテ、季武ニ現ニ、『此レ抱〻ケ』ト云ナリ。亦児《またちご》ノ音ニテ、『イガ〳〵』ト哭ナリ。其ノ間、生臰キ香河ヨリ此方マデ薫ジタリ。三人有ルダニモ、頭毛太リテ怖シキ事無限シ〈女の声で季武に『これを抱け、これを抱け』とはっきりいう声が聞こえ、また、赤子の『オギャアオギャア』と泣く声がする。その間に生臭いにおいが川からこちらの方〈三人が潜んでいる川の手前〉までにおってきた。三人でさえ、頭の毛が太くなるような恐怖感を覚えた〉」。季武は女から赤子を袖の上に受け取ると、川からこちらの岸に上がり、そのまま国司の館に帰ってきた。季武が右の袖を開いてみると、木の葉が少々あるだけであった。産女の正体は狐だという人もあり、また、お産で死んだ女が霊になったものという人もあった。

　これも真暗闇の夜、川という境界に正体不明の産女が出たという話である。とくに川の中で季武が産女に遭遇した辺の記述は、季武の様子を見届けにきた三人の同輩の立場からのものであるが、季武が馬で渡河する音、女の声、赤子の泣き声、生臭いにおい、それに身の毛もよだつという恐怖感と、すなわち、聴覚・嗅覚・皮膚感覚という感性に基づく描写が続くことに注目したい。これまでも何度か指摘したところであるが、夜は視覚以外の感性が重要な働きをするのであって、それは、この話からも認められるはずである。

蟹の報恩

『霊異記』中―八（「蟹と蝦《かえる》の命を贖《あか》ひて放生《ほうじょう》し、現報《げんぽう》を得し縁」）は、置染《おきそめの》臣鯛女《おみたいめ》が山中で大蛇が蛙を飲み込もうとしているのを、大蛇の妻になることを条件に蝦（蛙）を助けてやる。大蛇との約束の七日目の夜、女は家の戸締りをし、じっと家の中に籠っていると、大蛇がやってきて「尾を以て壁を拍《たた》く（尾で女の家の壁をたたいた）」。夜が明けると、女は怖ろしくなり、行基（六六八〜七四九年）に相談し、厳重に戒律を守ることになった。その帰り道に、女は老人から大きな蟹を買い、行基の下で蟹を放してやった（放生）。八日目の夜にも蛇はやってきた。蛇は屋根に上り、葺《ふ》いてある茅《かや》を抜いて、家の中に入ってきた。暗闇の中、女は怖ろしさのあまり震えていたが、「床の前に跳《あつち》爆《はため》く音のみ有り（寝床の前で何かが跳ね上がりばたばたする音だけがしていた）」。夜が明けると一匹の大きな蟹がいて、大蛇がずたずたに切断されていたという話。

蟹の報恩譚は、中―一二（「蟹と蝦との命を贖ひて放生し、現報に蟹に助けられし縁」）にもあり、中―八と類似する。中―一二でも、夜に大蛇が女の家を訪れるが、女が家を固く閉ざしたため、大蛇ははじめ尾で壁を拍ち、やがて屋根の頂から女の前に落ちた。しかし、暗闇の中で「爆く音のみ有りて、跳ち齰《か》み齧《くら》ふが如し（ばたばたする音だけがして、何かが跳ね上がり、食らいつくような様子であった）」。明くる日の朝、かつて女が助けた大きな蟹が八匹集まっており、大蛇はずたずたに切られていたとある。

中―八、中―一二の両話からも、夜の暗闇の中で、恐怖に震える女の耳には大蛇と蟹が戦う音だけが聞こえていたのであり、大蛇と蟹が戦っていた場面を女が目視していたわけではないらしい。繰り返しになるが、夜とはそのような時間帯であった。また、夜が明けると、蟹が大蛇を切り刻んでいたという蟹の報恩の光景を人々は目撃することになる。この点は、朝とはいかなる時間帯かという点にかかわるので、後にまとめて述べることとしたい。

昼間に示現した霊

時間論から注目しておきたいのは、『今昔』二七―二九（「京極殿に於て古歌を詠む音有る語」）の霊出現の話である。上東門院（藤原彰子《しょうし》〈九八八～一〇七四年〉）が京極殿（平安京左京一条四坊にあった道長の邸宅）に住んでいた時、三月二〇日過ぎのこと。上東門院が寝殿にいると、南面の階隠《はしがく》し（寝殿《しんでん》造りの中央階段口）のあたりで、たいそう気高く神さびた声で歌う声がした。上東門院がその声を聞いて誰かと思い、多くの人に様子を見に行かせたが誰もいない。それで鬼神が詠んだのかと思い、関白殿（藤原頼通〈九九二～一〇七四年〉）に急いで知らせたところ、関白の返事は「其レハ其ノ□ニテ常ニ然様《さよう》ニ長メ候フ也（それはいつものくせで、そのように詠んだのです)」というもの。上東門院はますます怖れて、近くに立ち寄ることもなかった。「然様ノ物ノ霊ナドハ夜ルナドコソ現ズル事ニテ有レ、真日中ニ声ヲ挙テ長メケム、実ニ可怖キ事也カシ(そのような霊などは夜に現れるもので、真昼に声を挙げて歌を詠むとは、実に怖ろしいことである)」。

京極殿に現れた声の正体は何であったか、ついに不明であった。異界のものは夜に登場するのが約束事であるが、そのルールを破って「真日中」に現れた場合、人々は大変な恐怖を覚えたはずである。かかる昼間における異類の示現例は、『今昔』巻二七の中でも、この話が唯一であった。この点からすれば、鬼など異界のものは、時間に几帳面であるといえないだろうか。

実は『今昔』二八―三五(「右近馬場《うこんのばば》の殿上人《てんじょうびと》の種合《くさあわせ》の語」)も昼間に鬼が出たという話である。後一条天皇の時代(一〇一六〜三六年在位)、種合せという右方、左方に分かれて出し物の優劣を競う行事が北野の右近馬場であった際、双方の勝負が決まる前に、右方は突然、勝利の落蹲《らくそん》の舞(図4)を始めた。お忍びで種合せを見物していた関白殿(藤原頼通)は落蹲の舞人を捕らえるよう命令した。落蹲の舞人役の多好茂《おおのよしもち》(九三四〜一〇一五年)は面を取ったら人にばれると思い、面をつけたまま、申時(午後四時)、西大宮大路を

図4　落　　蹲
納曽利（二人舞）を一人で舞う時，落蹲と称する

馬に乗って走ったので、それを見た人々は「彼レ見ヨ、鬼ノ昼中ニ馬ニ乗テ行クヲ（あれを見ろ、鬼が昼日中、馬に乗っていくぞ）」と騒ぎ、幼い子供の中には怖れおののき、本当の鬼と思って病気になったものもあった。

この話も昼間に鬼が都大路を馬に乗って走ったというものである。確かに時ならぬ鬼の示現であった。ところが、今度の鬼は、鬼を見て子供の中には病気になったものがいたものの、人々に大きな衝撃をあたえるほどではなかった。それはこの話の終わりにある「落蹲ノ舞人ノ面形ヲシ乍ラ馳テ逃タル事ヲゾ、世ノ人咲《わらい》ケル（落蹲の舞人が面をつけたまま馬を馳せらせたことを世の人は笑いあった)」という一文からも窺える。そもそもこの話は笑い話であった。

神仏の示現

ヤマトトトヒモモソヒメの神婚

『日本書紀』崇神《すじん》天皇一〇年九月壬子条には、三輪《みわ》山の神であるオオモノヌシがヤマトトトヒモモソヒメ（以下、ヒメと略す）のもとに通ったという伝承がある。それによると、ヒメに通ってくるオオモノヌシは「常に昼は見えずして、夜のみ来す（いつも昼間には現れず、夜にだけ通ってきます）」という。ヒメは夫（オオモノヌシ）に「君常に昼見えたまはねば、分明《あきらか》に其の尊顔を視ること得ず。願はくは暫《しましとどま》留りたまへ。明旦《くるつあした》に仰ぎて美麗しき威儀を観《み》たてまつらむと欲ふ（あなたはいつも昼間にお見えにならないので、はっきりとお顔を見ることができません。どうかもうしばらく留まっていってください。明朝、謹んで美しい端正なお姿を拝見したいと思います）」といった。夫は明朝、櫛箱に入っていよう、私の姿に驚いてはいけないと答える。ヒメが朝に櫛箱を開けてみると、美しい小蛇《こおろち》が入っていた。ヒメが驚き叫ぶと、たちまちに人の形に変身し、神は恥をかかせられたといって、大虚《おおぞら》を踏んで御諸山（三輪山）に登っていった（この後、ヒメの死と箸墓《はしはか》の話が続く〈本書一頁〉）。

この話は、夜に男が女を来訪するという妻問婚《つまどいこん》の習俗の反映であるが、同時に神の来訪が夜であった証でもある。夫は毎晩、ヒメのところに通ってくるが、ヒメには夜には相手の顔が分からない。ただし、夫婦は会話しているので、少なくとも声（聴覚）では相手が確認できるという関係なのであろう。朝にヒメの要請に応えて、神は姿を現わすことになる。すなわち、最初は櫛箱の中で小蛇に、それから急に人間の姿になり、御諸山に登っていって最終的に神であったことが判明する。視覚が遮られる夜には古代の人々は神の存在を耳を介して想像しており、また、夜の間の不思議な出来事は朝に驚きをもって判明する。かかる点はこれまで指摘した異類の話と共通するところであった。

イクタマヨリヒメの神婚

『日本書紀』とよく似た話は『古事記』中（崇神）にもある。すなわち、イクタマヨリヒメに容姿端麗な男が「夜半之時に、儵忽《たちま》ちに到来る（夜中に突然に通ってくる）」。二人は結婚し、ヒメが妊娠すると、父母はなぜ妊娠したかとヒメに尋ねる。ヒメは「麗美《うるわ》しき壮夫有り。その姓名を知らず。夕毎に到来り、供住める間に、自然《おのずか》ら懐妊《はら》みぬ（姓名も分からない立派な若者が毎夜来て、ともに住んでいるうちに妊娠した）」と。父母は相手の男の素性を知ろうとして赤土を床の前に散らし、男の衣の裾に糸のついた針を刺すように教える。ヒメがそのようにして夜明けに見ると、糸は鉤穴《かぎあな》をぬけて美和山に至り、神の社（大神《おおみわ》神社―現、奈良県桜井市三輪に所在）に到達していた。

『古事記』の場合も、鉤穴を糸が通ったということから、男の正体は蛇であり、三輪山の神であったという点、神の来訪は夜で、朝に相手の正体が判明するという点では『日本書紀』と同じである。ただし、『古事記』では夜に尋ねてくるのが、はじめから姓名が分からない立派な若者という設定であり、その素性をイクタマヨリヒメが針と糸で知ったとある点は、『日本書紀』では夜のうちは相手の顔も分からないといっているのとは相違する。この点だけで両者を比較からすれば、おそらく『日本書紀』の方が古い形を留めているのであろう。

神の姿形に関していえば、日本の神は目に見えないものとされ、仏像との相違がよく指摘されてきた。たしかに仏教の影響を受けて神像彫刻が出てくるが、それも平安初期のことで年代的にはかなり遅いことが指摘される。それはその通りであるが、もともと神が人々の目に見えないというのは必ずしも正しくない。というのも、たとえば、右の『日本書紀』の伝承でもオオモノヌシは朝に蛇や人の形をとっているからである。神が目に見えないというのは、神が夜に示現するからであろう。したがって、『日本書紀』の伝承に相手の男の顔が見えないというのは、神の本来的なあり方が伝わっているのであって、それに対して、『古事記』の話は立派な若者が夜に女のもとを来訪する、しかし、姓名が分からないというのであるから、この点では話としては、『古事記』の方が新しい展開とみられるように思う。

福慈の神と筑波の神

『常陸国《ひたちのくに》風土記《ふどき》』筑波郡条には、古老の伝えとして、「神祖《みおや》の尊（祖先神）」が諸神の処を巡行した際、駿河国の福慈《ふじ》の岳に到り、「卒《つい》に日暮に遇ひて、遇宿《やどり》を請欲ひたまひき（遂に日が暮れたので宿を乞うた）」。この時、福慈の神は、「新粟《わせ》の初嘗《にいなえ》して、家内諱忌《ものいみ》せり。今日の間は、冀《ねが》はくは許し堪へじ（新粟の初嘗をして、家の中は物忌をしています。今日は泊めることが出来ません）」と答えた。そこで、神祖の尊は恨み泣き、大声で罵って、お前の親なのに、どうして泊めようとは思わないのか。お前の住んでいる山は、生きている限り、冬も夏も雪や霜が降り、寒さがひどく、人々も登らない、飲食も供えるものがいないといった。今度は、筑波の岳に登って、宿泊を乞うた。筑波の神は「今夜は新粟嘗すれども、敢へて尊旨《みこと》に奉らずはあらじ（今夜は新粟嘗であるが、どうしてお気持ちに従わないわけではありません）」といって、飲食を設け、神祖の尊を敬い拝してお仕えした。このようなわけで、福慈の岳は常に雪が降り登ることができないが、筑波の岳は人々が往き集い、歌舞飲食すること、今に至るまで絶えないと。

この話からも、神祖の尊という神の来訪が祭りの日の夜であったことが知られる。また、神祖の尊が巡行し、人々がそれを丁重に迎えると福を授かるということ、神祖の尊を迎えた福慈の岳と筑波の岳にはどちらも山に神が坐すという神体山の信仰があることも、同時に読み取れるところであろう。

晡時伏山伝承

『常陸国風土記』から、もう一つ、那珂《なか》郡条茨城里の晡時伏山《くれふし》（現、茨城県常陸大宮市長沢の朝房山）の話を取り上げておく。

古老の伝えとして、兄妹のヌカビコ・ヌカビメがおり、ヌカビメに「常に就《いた》りて求婚《よば》ひ、夜来りて昼去る（常に訪れてきて求婚し、夜に来て昼間に帰っていく）」という人がいて、遂に夫婦となった。「一夕に懐妊めり。産むべき月に至り、終に小さき蛇を生めり（一晩で懐妊し、子を産むべき月になって、ヌカビメはついに小さな蛇を生んだ）」が、生まれた子蛇は、「明くれば言なきがごとく、闇《く》るれば母と語る（昼間は口を開かないが、暗くなると母と語る）」。母（ヌカビメ）と伯父（ヌカビコ）は「驚き奇《あや》しび、心に神の子ならむ（驚き不思議に思って、心の中で神の子であろう）」と思った。やがて子蛇を浄き杯《つき》に盛り祭壇に安置すると、一夜の間に杯の中にいっぱいになる。器を代えても同様で、三度四度とその都度、蛇は大きく成長する。ヌカビメは蛇に「自づから神の子と知りぬ（自然に神の子と分かった）」と告げ、自らの力で養育できないので、父のもとにいくようにいった。子は同行してくれる子供を一人求めるが、母は我が家にあるのは母と伯父しかいないといって、子の望みを断る。子は別れる際に怒って、伯父を「震り殺して天に昇りき（雷の力で殺して天に昇っていった）」。それに対して、母は盆《ひらか》（素焼きの土器）をとって投げると、それが子に触れて、子は天に登ることができず、この峰に留まった。その子孫が社を建てて祭りを続けたという。

この話からも古代の神と時間との関係を明らかにすることができる。まず、夜に人が女（ヌカビメ）のもとに来て結婚するというのは、三輪山の話と同じで、妻問婚の形をとった夜における神の来訪を表わすことはいうまでもない。また、一晩での懐妊というのも、巫女《ふじょ》が神妻になって祭りの日の夜に神（蛇神）を迎え、神の子を産むという神婚儀礼が背後にあるのであろう（坂本勝『古事記の読み方』）。このような一夜孕みの話は他にもあり、たとえば、天孫降臨《てんそんこうりん》神話では、天孫ホノニニギがコノハナサクヤビメ（カシツヒメ）と結婚し、ヒメは一夜で孕んで子を生んだ（『古事記』上、『日本書紀』第九段本文など）、雄略《ゆうりやく》天皇が童女君《おみなぎみ》と「一夜与《あた》はして脤《はら》めり。遂に女子を生めり（一晩で妊娠し、女子を生んだ）」（『日本書紀』雄略元年三月是月条）などで、こうした話の原型にも神婚儀礼が想定される。しかし、その一方で哺時伏山の話には一夜の神婚儀礼とはいささか異なる話の展開も見られる。すなわち、男は「常に就りて求婚ひ」、一夜孕みの後、ヌカビメは「産むべき月に至り」出産するとして、一夜孕みとはいわば矛盾した形で語られているからである。これは神婚儀礼本来の形が後退していくことと関係するのであろう。しかし、これももとの形に立ち返ってみると、祭りの夜に、男がヌカビメという巫女のもとを訪れ、結婚（一夜孕み）をして、直ちに神の子が生まれるということであったとみられる。

夜の間だけ子は母と語るというのも神異の一つで、夜のみの神の活動を表わす。夜の会話（聴覚）が神の存在を想像させているのであろう。また、一晩のうちに器の中の蛇が成長するというのも注目される。一夜の異常成長には翌朝に母や伯父がそれを発見して驚嘆するという事情も想定されてよい。一夜の異常成長の話としては、たとえば、『播磨《はりま》国風土記』揖保《いいぼ》郡条には萩原里の伝承として「一夜の間に、萩一根生《ひともとお》ふ。高さ一丈許りなり。仍りて萩原と名づく（一晩で萩が一本生えた。高さは一丈ほど、それで萩原里と名づけた）」、同讃容《さよ》郡条に、タマツヒメが生きている鹿の腹を割いて、稲に血を混ぜた。すると「一夜の間に、苗生ふ。すなはち取りて殖ゑしめたまふ（一晩で苗が生えた。その苗を取って田植えをさせた）」、『日本書紀』天智三年（六六四）一二月条に、淡海国（近江国）からの報告として栗太郡《くるもとのこおり》のある新婦の寝床の端に一夜の間に稲が生え、翌朝に稲穂が実った、翌日の夜にまた一穂が生えたなどとある。これらは一夜の間に神業—異常な成長が起きているという不思議な話である。

いずれにしても神が示現して力を発揮するのは夜のことであった。その点では、鬼や霊など異界のものの活動時間と共通していたのである。

雄略とヒトコトヌシ

『今昔』には霊の中に昼間に姿を現した話（二七—二九）があったが、神の示現においても同様なケースがある。『日本書紀』雄略四年二月条に、天皇が葛城山《かつらぎ》（現、大阪府と奈良県境の山）で狩猟を行った際、長人《たきたかきひと》（ヒトコトヌシ）に出会う。長人は「面貌容儀《かおすがた》、天皇に相似《とうば》れり。天皇、是神なりと知しめせれども（姿形が天皇とよく似ていた。天皇は神と分かっていたが）」、天皇と長人とは互いに名乗りあい、一緒に狩を楽しみ、「日晩れて田罷《かりや》みぬ（日が暮れたので、狩を止めた）」。この時、百姓は徳のある天皇といったとある。天皇と葛城のヒトコトヌシは共に狩をし、日暮れになって狩を止めたというのであるから、ヒトコトヌシが長人として天皇の前に姿を現したのは昼間のことと解してよいだろう。

同様な話は『古事記』下（雄略）にもある。雄略が葛城山に登った際、天皇と同じ行列に遭遇した。相手がヒトコトヌシと名乗ると、天皇は「恐《かしこ》し。我が大神、宇都志意美《うつしおみ》に有らむと者、（注略）不覚にあり（恐れ多いことです。現世に姿を現した神とは分かりませんでした）」といって、自身の太刀、弓矢をはじめとして、百官人の衣服をヒトコトヌシに献上した。この話の最後に「是の一言主之大神者、彼の時所顕《あらわ》れたまひしそ（ヒトコトヌシ大神は雄略の御代であればこそ出現した）」とある。

『古事記』の方は、ヒトコトヌシが示現した時間が記されていないが、天皇は「宇都志意美」のヒトコトヌシに気づかなかったというのであるから、やはり昼間という通常あり得ない時間帯に神が示現したとみるべきではあるまいか。要するに、ヒトコトヌシが昼間でも姿を現したのは、雄略の存在があったからであろう。雄略の前には神は昼でも姿を見せる——天皇がはじめから神の存在に気づいていたかどうかで『古事記』と『日本書紀』

との間には相違がある――というのが『古事記』『日本書紀』の論理であった。逆に言えば、それ以外の場合は、神は昼間に人前には容易に示現することはなかったといえよう。

毘沙門天の力

夜には神ばかりではなく、仏像も活動した。その一例として、『今昔』一七―四二（「但馬《たじま》の国の古寺に於て　沙門牛頭《ごず》の鬼を伏して僧を助くる語」）をあげておく。内容は以下の通りである。

日暮れの後、老若二僧が但馬国の山寺（無住）に宿泊し、本堂の中の東西の床に座を占めて寝た。「夜半ニ成ヌラムト思フ程ニ、聞ケバ、壁ヲ穿《うがち》テ入ル者有リ。其ノ香極テ臰《くさ》シ。其ノ息、牛ノ鼻息ヲ吹キ懸ルニ似タリ。然レドモ、暗ケレバ、其ノ体ヲバ何者ト不見ズ（夜半に若い僧が聞くと、壁に穴を開ける音がする。においが牛の鼻息のようにとても臭い。しかし、暗いので相手の姿形が見えない）」。最初、牛鬼は若い僧につかみかかるが、若い僧は法花経《ほけきよう》を誦し、助け給えと念じた。牛鬼は若い僧を捨てて老僧につかみかかり、八つ裂きにして食う。老僧は絶叫するが、助ける人もいない。若い僧は仏壇によじ登り、一体の仏像の腰を抱き、心の中で経を誦し、助け給えと念ずる。牛鬼が老僧を食い終わると、今度は若い僧の方に向かってくる足音が聞こえる。「而ル間、鬼仏壇ノ前ヘニ倒レヌト聞ク。其ノ後、音モ不為ズシテ止ヌ（その時、若い僧は牛鬼が仏壇の前で倒れる音を聞いた。それからはまったく音もしなくなった）」。若僧は牛鬼が自分の居場所を窺っているのだろうと考えて、息を潜めて、ただひたすら仏像の腰を抱いて法花経を念じて夜が明けるのを待った。ようやく夜が明けて、若い僧が抱いていた仏像を見ると、毘沙門天《びしやもん》であったことが判明。仏壇の前を見ると、牛鬼が三段に切り殺されて、毘沙門天のもつ鉾の先に血がついていた。若い僧は毘沙門天が助けてくれたと悟り、人里に走って、この出来事を告げた。これによって多くの人々が集まり、人々は若い僧の言う通りの光景を目撃したことで、この話は作り事ではないことを知った。その後、若い僧は毘沙門天を礼拝して、泣く泣くそこを出ていった。

この話からも、夜には人間のどのような感性が働くかがよく分かる。暗い本堂の中、牛鬼が壁に穴を開ける音（聴覚）、牛鬼の臭い鼻息（嗅覚）、老僧の絶叫（聴覚）、若い僧による仏像の把捉（触覚）、牛鬼の足音（聴覚）、牛鬼が倒れる音（聴覚）と視覚以外の感性が重要な役割を担っていたことが窺える。それに対して、夜が明けると、夜中の惨劇が明らかになり、人々がそれを目撃する（視覚）ことになるのとは対照的といえよう。また、毘沙門天像（図5）についてみると、毘沙門天像は若い僧に腰を抱かれる（若い僧は必死になって仏像にすがりついたというのが正確なところであろう）という不自由な格好のまま、夜

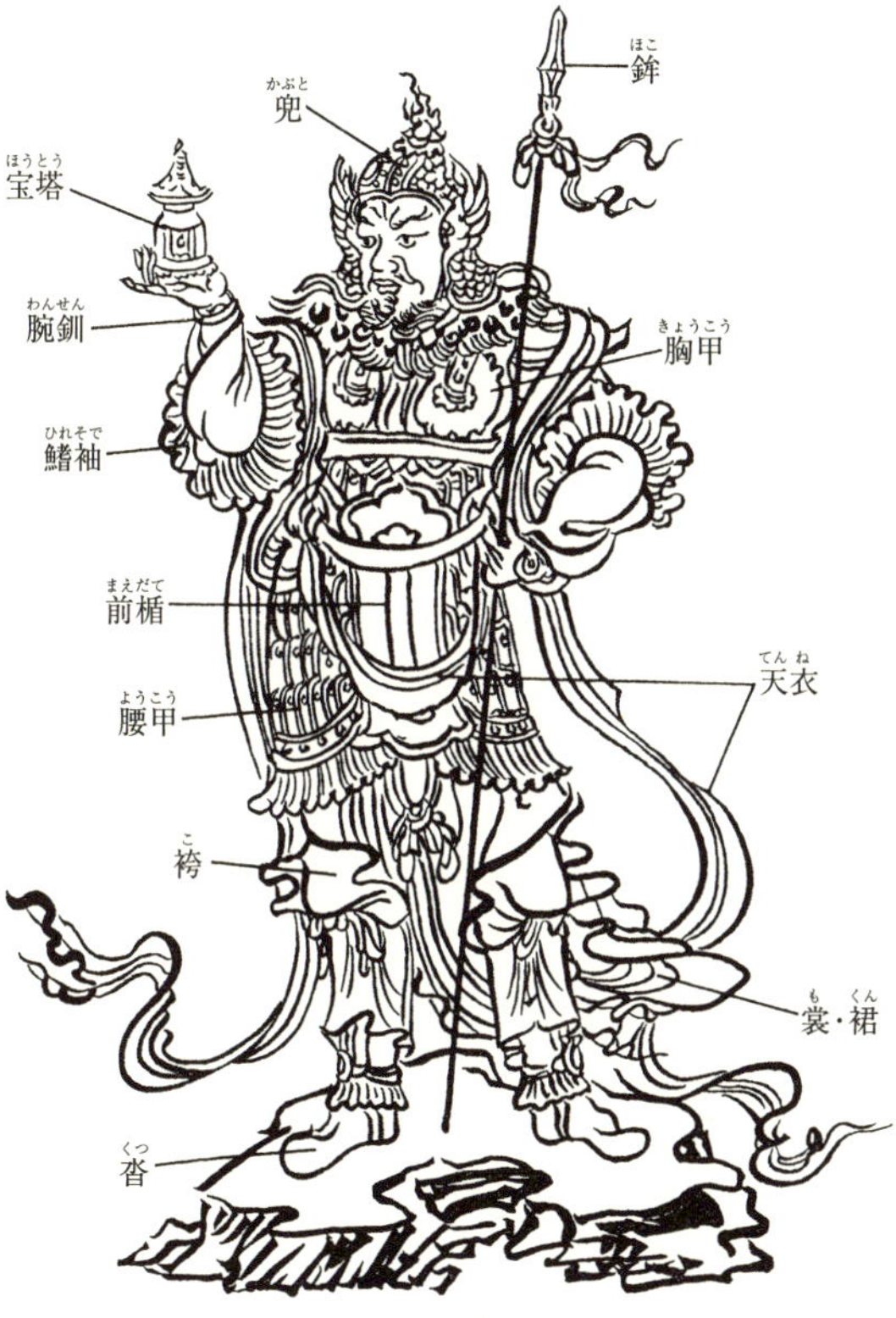

図5　毘沙門天（多聞天）

中に鉾を操って牛鬼を三段に切り殺したことになる。そして、朝には何事もなかったかのように仏壇の上にたっていた。しかし、その鉾先には血がついていたということであろう。毘沙門天像は確かに動いたはずである。それは夜の出来事であった。

大安寺丈六仏の力

仏像が動いたというのは、『今昔』の毘沙門天像だけではなかった。『霊異記』中―二八（「極めて窮れる女の、尺迦《しやか》の丈六仏《じようろくぶつ》に福分を願ひ、奇しき表を示して、以て現に大福を得し縁」）は、大安寺の丈六仏が動いた話である。

聖武《しようむ》天皇の時代（七二四～四九年在位）、大安寺の西の里に一人の貧しい女がいた。女は、大安寺の丈六仏が人々の願いをよく聞き遂げてくれると聞いて、毎日、花香《けこう》と油を買ってお参りして、「我に宝を施し、窮れる愁を免れしめよ（私に宝をお与え下さり、貧窮の苦しみから逃れられるようにして下さい）」と祈っていた。ある日、いつもの通り、福を願い、花香と燈明とを献上し、「家に罷りて寐《ね》て、明くる日起きて見れば（家に帰って寝て、明くる日起きてみると）」、門の前の溝に渡した橋に銭四貫が置いてあった。それには短籍《たんざく》があり、大安寺の大修多羅供《だいすたらく》の銭とあった。女は恐れをなして大安寺に銭を送った。僧たちが蔵を調べてみると、封印はそのままで銭四貫だけがなくなっていたので、その銭を蔵に収めた。女は丈六仏の前にお参りして、「家に罷りて寝て、明くる日起きて庭の中を見れば」、今度は庭の中に、大安寺の常修多羅供の銭という短籍のついた銭四貫があった。僧たちが銭を収めた容器を調べてみると封印もそのままで、銭四貫だけがなくなっていた。僧たちは不思議に思いながら、銭を蔵に収め封印した。女は丈六仏の前にお参りして、「家に罷りて寝て、明くる日戸を開きて見れば」、今度は閾《とじきみ》の前に、大安寺の成実論宗《じょうじつろんしゅう》分の銭という短籍のついた銭四貫が置いてあった。大安寺の六宗の学頭の僧たちは不審に思い、女に事情を尋ねると、女は貧乏ゆえ丈六仏に福分を願っていただけだと答える。そこで、僧たちは「是は仏の賜へる銭なり。故に我蔵《おさ》めじ（これは仏が与えた銭である。だから我々は寺の蔵には収めない）」といって、女に銭四貫を返す。女は銭四貫をもとに財産増加の機縁とし、裕福になり、長命も保った。

この話から指摘できることとして、まず、大安寺の銭が女の家の橋、庭の中、閾の前にそれぞれ置かれていたことが注目される。これらの場所はいずれも境界領域であったろう。すなわち、仏と人との境界に銭が置かれていたことになる。第二に、三度にわたって女は「家に罷りて寐（寝）て、明くる日起きて（庭の中を、戸を開きて）見れば」、境界領域に銭を発見したという点である。これは銭が置かれたのは夜の出来事であること、それを発見するのは朝であることをくり返し強調しているのであろう。第三として、その銭は大安寺のものであった。銭は蔵の中にあり、封印のある容器に収められていたらしい。しかし、銭四貫は夜のうちに封印はそのままで三度も女の家に移動した。最終的に大安寺の僧侶たちも、丈六仏が女に賜った銭であると判断して、女に銭を与えている。とすると、女が日頃、福分を祈願していた丈六仏が夜に蔵から銭を持ち出して女の下に運んだと考える他ない。少なくとも、寺僧たちはそう考えたはずである。この話でも丈六仏は夜に動いたとみられる。

仏像が動く

『霊異記』中―三七（「観音の木像の火の難に焼けずして、威神の力を示しし縁」）も、仏像が動いたという短い話である。聖武天皇の時代に、泉国（和泉）泉郡の珍努《ちぬ》の上の山寺で失火があり、仏殿が焼けた。その時、観音の木像が火災の堂から二丈（約六メートル）ばかり出て、外にうつ伏せになっていて、まったく損傷がなかったという話。この場合、火災が何時ごろ起きたのか、分からないが、仏像が火災の最中に自ら動いたことは疑いない。すなわち、仏像は動くことがあるという点では中―二八の話と同じであった。

仏像が声を出す

『霊異記』には仏像が声を出した話が六つもある。①中―二二（「仏の銅像の盗人に捕られて、霊《くす》しき表《しるし》を示し、盗人を顕しし縁」）は、和泉国日根郡の尽恵《じんえ》寺の銅像が盗人に盗まれた。盗人は銅像を壊して売り払おうとしたが、近くを通りかかったものが、銅像の「痛きかな、痛きかな」という声を耳にしたことから盗人の悪事が露見したという話。②中―二三（「弥勒《みろく》菩薩の銅像の盗人に捕られて、霊しき表を示し、盗人を顕しし縁」）は、聖武天皇の時代、真夜中、勅命を受けて京内を巡察する役人が葛木尼寺（平城京左京五条六坊に所在）の南の蓼原《たではら》で「痛きかな、痛きかな」という泣き叫ぶ声を聞いた。それは葛木尼寺の仏像が盗人によって壊されているところであったという話。③中―二六（「未だ仏像を作り畢《お》へずして棄てたる木の、異霊《くす》しき表を示しし縁」）は、聖武天皇の時代、吉野で修行した禅師《ぜんじ》広達が橋の下から「嗚呼《ああ》、痛く蹋《ふ》むこと莫れ（ああ、そんなに痛く踏まないでくれ）」という声を聞いた。それは橋の用材とされた未完成の仏像が声を出したという話、④中―三九（「薬師仏の木像の、水に流され沙《いさご》に埋れて、霊しき表を示しし縁」）は、駿河国と遠江《とおとうみ》国の堺を流れる大井河の川べりの砂の中から、「我を取れ、我を取れ」という声がし、一人の僧が掘り起こしてみると、薬師仏の木像があったという話。⑤下―一七（「未だ作り畢へぬ捻攝《ねんしょう》の像の呻ふ音《にょこえ》を生じて、奇《くす》しき表を示しし縁」）は、紀伊国那賀郡の弥気《みけ》の山室堂で夜に「痛きかな、痛きかな」という「其の音細く小さく、女人の音の如くにして、長く引き呻ふ（細く小さく、女の声のようであり、長く声を引くようにうめいた）」。それは鐘堂に放置された未完成のままの仏像が発したものであったという話。⑥下―二八（「弥勒の丈六の仏像の、其の頸《くび》を蟻に嚙《か》まれて、奇異しき表を示しし縁」）は、紀伊国名草《なくさ》郡の貴志寺で、夜に「痛きかな、痛きかな」という声があり、「其の声、老大人の呻ひの如し（その声は老人のうめき声のようであった）」、「最後夜に、常の音に倍して、大地に響きて、大きに痛み呻ふ（後夜の終わりにはそれまでの声に倍して、大地に響くような大声で、痛みうめいた）」。これは弥勒の丈六仏が蟻千匹によって首を噛み切られていたためであったという話。これ以外にも、上─三五（「知識を締び、四恩の為に絵の仏像を作り、験《げん》有りて、奇しき表を示しし縁」）のように、盗難にあった仏画（六道絵《ろくどうえ》）が市の樹にかけられた篋《はこ》の中で、さまざまな生き物の声を発したという話もある。

これらは、いずれも、盗人が銅像を解体中である、仏像が未完成であるなど、正常でない状態に置かれた仏像が声を出したという話ばかりである。逆に、本堂に安置されていた仏像が声を発することがあったかどうかは、『霊異記』からは判明しない。また、夜に仏像が声を出したということが明らかなのは、②⑤⑥である。右にあげたすべての事例が夜のことと断定できないものの、夜にはしばしば仏像も声を出すという不思議なことが起きると観念されていたのであろう。

このように仏像は夜には動くことがある、時には声を挙げることがあるというのが古代の人々の心性であった。ただ、仏像がいつも動くものであったかといわれれば、それは違うのではあるまいか。おそらく通常は夜でも動かないものであったろう。しかし、特別な時には動いたと観念されていたのである。その仏像がピクリとも動かないものと判断されるようになったのは、後の時代のことであろう。

現代の仏像は、博物館や美術館の陳列ケースの中に入れられ、あるいは、寺の本堂に安置されていても防犯カメラで監視されている。これでは夜に動こうにも動けないだろうし、声を発してもガラスケースに阻まれてしまうだろう。何とも気の毒なことと思うのは筆者だけであろうか。

埴輪が動く

仏像が動く、仏像が声を出すという話に付け加えて、埴輪《はにわ》も動くという伝承に触れておきたい。『日本書紀』雄略九年七月壬辰朔条は、不思議なことに埴輪が夜に動いたという話である。

河内国の奏上によると、飛鳥戸郡《あすかべのこおり》の田辺史伯孫《たなべのふびとはくそん》の女は、古市《ふるいち》郡の人、書首《ふみのおびと》加竜《かりょう》の妻であった。伯孫にとっての孫が生まれたので、婿の家に行ってお祝いをした。その帰り、月夜の晩、誉田《こんだ》陵（大阪府羽曳野《はびきの》市の誉田御廟山《ごびょうやま》古墳）のところで、赤馬に乗ったものと出会う。赤馬は特別な立派な馬であるが、伯孫はこの馬を欲しいと思い、自分の葦毛の馬と轡《くつわ》をならべて走ってみたものの、とても追いつくことができない。赤馬に乗ったものは伯孫の願いを知り、馬を交換して別れた。伯孫は喜び、馬を厩に入れ、秣《まぐさ》を与えて眠りについた。翌朝、赤い駿馬は土馬《はにま》（埴輪の馬）に代わっていた。伯孫は不思議に思って誉田陵を探したところ、自分の葦毛の馬が土馬の間にあるのを見つけ、取り替えて土馬を置いてきた。

この記事のもとは田辺史に伝来した祖先伝承であろう。田辺氏は姓《かばね》が史であることからも文筆に秀でた一族とみられる。とくにこの記事の中に『文選《もんぜん》』（中国南朝の梁、昭明太子の撰）に出典の語句があることも、それを裏付ける。

この伝承を信ずる限り、古墳の周囲に大きな埴輪の馬が並んでいたことになる。現に誉田御廟山古墳の外濠の外部からは馬形埴輪の頭部も見つかっているという（森浩一『巨大古墳の世紀』）。かかる場所は、古墳と人間界との間の境界領域にあたっており、異界とのつながりが想定される。しかし、何よりも興味深いのは、月夜にその馬が走ったということであろう。赤馬に乗っていたものの正体はよく分からないが、夜というのはまさにそのような不思議が起きる時間帯であった。古代の夜には、時には仏像も動いた、時には埴輪の馬も走ったと観念された。このようなことはあり得ないと退けていたのでは古代の人々の心性は到底、理解できないのではないだろうか。

人々の暮らしと夜

今度は古代の人々の夜の暮らしという点から、夜という時間を考えてみたい。夜に古代の人々は何をしていたのか、という極めて単純な問いである。具体的な史料をもとに古代の夜の暮らしの一端に迫ってみたい。

祭りと夜

先に神が示現するのは夜のことであると述べたが、それとの関連で、最初に祭りを取り上げておく。神が示現する夜にこそ、祭りが行われたはずである。古代の王権祭祀《さいし》に関しては、祭祀の実施時刻が判明するケースがかなりあり、これは後でまとめて述べるので、ここでは地域社会の祭りの例を検討する。ただし、これにはさしたる手がかりがあるわけではない。そのような中、次の延暦一七年（七九八）一〇月四日太政官符（『類聚三代格』

一二）は民間の夜祭りを知る史料として貴重な手がかりといえよう。

この太政官符について注目されるのは、①国家は京・畿内の夜祭歌儛、夜祭会飲を秩序の乱れを理由に禁止したが、それはすでに禁止していたことであり（具体的にはいつのことかは分からない）、今回が最初の禁制ではなかったこと、②「祭は必ず昼日とし、昏に及ぶを得ず（祭りは必ず昼間に行い、夕方に及んではならない）」とされていること、③禁制の対象に五位以上のものまで含まれていたことである。そもそも、宮衛令《くえいりょう》分街条によれば、京内では夜間、急病などを例外として外出は禁止されていたはずである。しかし、右の太政官符から、それが八世紀末葉には京内（平安京）においても、畿内と同様、夜の祭りが広汎に存在していたのを、国家側は支配秩序の乱れを理由にそれを禁止し、昼間の祭りに転換しようとしていた様子が窺える。もっとも、それが簡単ではなかったことは、すでに禁制が出されていたことからも窺知される。すなわち、いったん禁止命令が出され、その禁止が繰り返されるというのは、禁止が守られていないことの何よりの証拠である。少なくとも畿内では夜祭りの伝統が根強かったといえよう。

鎌倉時代初期成立とみられる『年中行事秘抄』四月賀茂祭条に引く「旧記」には、一〇世紀中頃、四月に行われたカモ社（賀茂別雷《わけいかずち》神社〈現、京都市北区に所在〉）の御阿礼《みあれ》祭の様子が描写されている。それによると、昇天した天神御子（カモ社の祭神の別雷神）を御祖神（母神）が恋慕していると、御祖神の夢に天神御子が出てきて、「各、将に吾に逢はむとするに、天羽衣・天羽裳《も》を造り、火を炬《た》き、鉾を擎《ささ》げて之を待て。（それぞれが私に逢いたいのならば、天の羽衣と天の羽裳を造り、火を炬き、鉾をささげて待ちなさい）」と答えたとある。これをそのまま実行に移したのが御阿礼祭とみてよいだろう。この中の「火を炬き」とは神を招く火であろうが、それは同時に御阿礼祭が夜に実施されていたことを窺わせる（三宅和朗『古代の神社と祭り』）。延暦一七年官符が禁止しようとしていた京・畿内の夜祭りにはこのようなカモ社の祭りも含まれていた可能性があろう。

近年、祭祀遺跡から火を使用した痕跡が見つかっている。奈良県御所《ごせ》市の南郷大東遺跡（古墳時代中期）で、金剛・葛城山から東に伸びる狭い丘や谷が交互に繰り返されるという地形に東西一・二キロ、南北一キロの範囲に集落群があり、その南端に貯水池から、三つの木樋を通って、沈殿と濾過を繰り返しながら水を導く導水施設が発見された。貯水池のダムの幅は六メートル、満水時には水深一メートルになるという。そこから木樋で水を流す仕組みであるが、一番大きな木樋（全長三・九八メートル、幅八九センチ）の周囲は覆屋《おおいや》と垣根で二重に遮断され、周囲には祭りに使用された玉類・琴・翳《さしば》形木製品・木製武器などとともに木の燃えさしが大量

図6　南郷大東遺跡・祭りの想像画（『カミよる水のまつり』〈奈良県立橿原考古学研究所附属博物館，2003年〉）

に出土した。燃えさしの存在から、夜間に水の神の祭りが行われていたであろうと想像されている（図6）。このように夜祭りの存在は考古学の発掘調査からも認められるようになった。さらにいえば、ダムから木樋を通って水が流れていく音が聞こえたはずである。神の示現の音（神の音づれ）である。おそらく、水の流れる音に神の示現を感じて、夜に人々は水神の祭りを行なったものとみられる。

「オオナムチの神の握り飯」

祭りと夜という関係から、『播磨国風土記』賀毛《かも》郡条の二つの伝承を紹介する。「飯盛嵩《たけ》。

右、然号くるは、大汝《おおなむち》の命の御飯を、この嵩に盛りき。故れ、飯盛嵩と曰ふ（飯盛嵩。右、そのように名づけたのは、大汝命の御飯をこの嵩で盛った。それ故、飯盛嵩という）」、「糠《ぬか》岡。右、糠岡と号くるは、大汝の命、稲を下鴨の村に舂《つ》かしめしに、散りし糠、この岡に飛び到りき。故れ、糠岡と曰ふ（糠岡。右、糠岡と名づけたのは、大汝の命が、稲を下鴨村で舂かせられたところ、飛び散った糠が、この岡に飛んで来た。それ故、糠岡という）」。この二つは何の変哲もない、『風土記』にはよく見られる地名起源伝承である。ここから何が読み取れるのか。かつて益田勝実氏は、以下のように指摘された。すなわち、「かれらが褻《け》の日の日中、野に出て仰ぐ山は樹木の茂った山そのものであり、山以外ではない。しかし、はれの日の祭の庭では、それは神々の世界の舞台・道具立てとなる。祭の庭のかがり火の傍から、月明の夜空に浮かび出る山々のシルエットを望み見る時、かの山は、まぎれもなく、オオナムチの神の握り飯であり、この山は、同じ神が舂かせた米の糠の堆積となる。幻視は、はれの日の祭の庭の心の神秘が生むイメージであり、それゆえに、けの日のものごとのイメージ、かれらの生活体験に基く認識と、せめぎあうことはなかった。時間としては、それは夜に属するものであった」と（「幻視」）。

　月夜に祭りが行われ、日常は単なる山そのものに過ぎなかったのが、夜の祭りの庭では神々とかかわって語られるという益田氏の指摘は示唆に富む。もちろん、益田氏が指摘するように、この伝承の背後に月明かりのもとで祭りが行われたということがあったかどうか、確かめようがない。しかし、夜という時間の特殊性、すなわち、夜に神が示現し、祭りが行われていたことを考慮すると、益田説を否定することは困難ではないだろうか。

祭りの準備

祭りの準備も夜になされるものであったらしい。もっとも、正確には建物を閉ざして、暗い中で準備がなされるというべきであろう。

『山城国風土記』逸文には、八世紀前半のカモ社の伝承として、タマヨリヒメが瀬見小川に流れ下った丹塗矢《にぬりや》によって妊娠し、男子（タマヨリヒコ）が誕生したが、その父親を知るべく、外祖父のタケツノミが「八尋屋を造り、八戸の扉を竪《た》て、八腹の酒を醸《か》みて（大きな建物を造り、すべての扉を閉ざし、たくさんの酒を醸して）」、七日七夜の宴を張ったとある。このように、神祭りの準備の際には、建物の扉をすべて閉ざして、暗い中で酒が醸されたものとみられる。

『常陸国風土記』久慈郡条の長幡部《ながはたべ》社（現、茨城県常陸太田市に所在）の伝承では、機殿《はたどの》で神への貢物（調《みつき》）を織る際には「輙《たやす》く人に見らるるが故に、屋の扉を閇《と》ぢて、闇内にして織る（容易に人に見られてしまうので、機殿の扉を閉じて、真っ暗闇の中で織る）」のであり、こうして織られた織物は武器を用いても断ち切ることができないとある。神への貢物も暗闇にして織られるものであったことが知られる。『延喜式』二四（主計式）によると、常陸国が差し出す調の品目の中に「長幡部 絁《あしぎぬ》 七疋」があるので、朝廷に差し出す調とは別に、神への調として毎年献納するということであろう。その際、おそらく機殿の中ではわずかな灯りの中、織物が織られ、機殿の外では、わずかに機織の音が聞こえていたのであろう。

歌垣（嬥歌）

歌垣《うたがき》とは春と秋に男女が歌舞、飲食し、歌を掛け合う行事。山の上、水辺、市などの境界領域に集まって男女が求愛をするという性の解放の場でもあり、東国方言では嬥歌《かがい》といった。『万葉集』九―一七五九の高橋虫麻呂の歌によると、筑波山に若い男女が集まり「娘子《おとめ》壮士《おとこ》の　行き集ひ　かがふ嬥歌に　人妻に　我《わ》も交はらむ　我が妻に　人も言問へ　この山を　うしはく神の　昔より　禁《いさ》めぬ行事《わざ》ぞ……（若い男が行き集まり、遊ぶ嬥歌で人妻と私も交わろう、私の妻に他人も言い寄るがよい。この山を治める神が昔から咎めない行事だ）」とあるように、歌垣は神祭りとして行われるものであって、決して単なる性の解放の場だけではなかった。『常陸国風土記』香島郡条の童子女《うない》の松原の伝承（嬥歌）に「加味《かみ》の乎止古《おとこ》・加味の乎止売《おとめ》（神に仕える男女）」とあるのも、神祭りと関係する。したがって、歌垣も夜の行事であったとみてよい。

歌垣の具体的事例として、『常陸国風土記』筑波郡条には、有名な筑波山の嬥歌があり、その時の歌として、「筑波嶺に　廬《いお》りて　妻なしに　我が寝む夜ろは　はやも明けぬかも（筑波嶺に廬を結んで、嬥歌の夜だというのに、共に寝る相手もおらず一人寝する夜は、早く明けてしまわないものか）」とある。これからすれば、筑波山の嬥歌は、明らかに夜の行事であった。

童子女の松原の伝承では、嬥歌の場で神に仕える男女が歌を交わしていたが、その後、二人だけで語り合いたいと嬥歌の場を離れて、松の下で思いを述べる。夢中になった二人は夜が明けるのも忘れてしまった。「俄かにして雞鳴き狗吠えて、天暁《そらあ》け日明らかなり。爰《ここ》に僮子等、為す所を知らず、遂に人の見むことを愧《は》ぢて、松の樹と化成る（突然、鶏が鳴き犬が吠えて、空は明け太陽が明るく照らしている。ここに二人は人に見られることを恥じ松の木になった）」という。『風土記』の時代、嬥歌の場となる浜辺に、二人が化したという奈美松《なみまつ》と古津松《こつまつ》という二本の目立った松の木があったとみられる。まさに嬥歌は神祭りとして夜に行われるものであり、朝には嬥歌が終わるという決まりがあったといえよう。

『古事記』下（清寧《せいねい》）にも、オケノミコト（即位前の顕宗《けんぞう》）と平群臣志毗《しび》が歌垣の場で女

（菟田首《うだのおびと》の女、大魚）を争った話がある。歌垣の場では志毘とオケとが交替で歌を歌う。「闘《かが》ひ明して各退きぬ（歌垣で徹夜して、それぞれ退いた）」とあるので、一晩中、歌垣に参加していたことが知られる。歌垣が終わった朝、オケはヲケ（即位前の仁賢《にんけん》）と二人で相談して、朝廷に仕える人たちは朝、朝廷に参内し、昼に志毘の家の門前に集まる。ところが、今朝、志毘は歌垣の疲れで寝ているだろう。人々は朝には朝廷に参内《さんだい》しているから、志毘の家の門前には誰もいないはず。だから今を逃したら、志毘を殺すことは難しいといって、軍勢を集めて志毘の家を囲み、志毘を殺してしまったとある。

このように歌垣（嬥歌）は神祭り・神事であり、神の祭りと同じく夜に行われるものであった。しかも、それは朝には止めなければならないというルールも存在していたのである。

盗賊

盗賊も夜に活動する例が多い。六国史《りっこくし》にも夜の盗賊の事件が出てくる。たとえば、『続日本後紀』承和四年（八三七）一二月甲午条には、夜中に女盗二人が清涼殿に入った。仁明《にんみょう》天皇は愕然として、蔵人《くろうど》に命じて宿衛の者に捕らえさせようとしたが、一人を逮捕したものの、一人は逃げたとある。この事件の三日前にも、夜、盗人が内裏《だいり》内の春興殿から絹五〇疋余を盗んだが、宿衛の者は犯人を発見できなかったとある。これらは史実であろうが、ここでは説話の中から、夜—盗賊の関係を検討していきたい。

『今昔』巻二九は盗賊の話を集成しているが、盗賊が夕方か夜に活動する話が多く、合計九例を数える。『今昔』二九—一四（「九条堀河に住む女夫を殺して哭く語」）は盗賊譚ではないが、延喜の代（九〇一〜二三年）、ある夜、醍醐《だいご》天皇が清涼殿で、東南の方角から女の泣く声を聞き、蔵人に京中を捜させたところ、九条堀河でその所在を突き止めた。女は「今夜盗人入リ来テ、我ガ夫既ニ被殺ニタリ。（今夜、盗人が入り、夫が殺されてしまった）」と弁解したものの、夜明け後、検非違使《けびいし》が女を糾明すると、女は間男《まおとこ》と心を合わせて夫を殺害したことを白状したという話。女の弁明に「今夜盗人入リ来テ」とあるのは、盗人の活動が基本的に夜であったことの証拠になろう。この巻以外でも、盗賊・盗人は出て来るが、たとえば、『今昔』二三—一五（「陸奥《むつ》の前司《ぜんじ》橘則光人を切り殺す語」）は、深夜に橘則光が盗賊三人に襲われたが、奮戦の末、相手を切り殺した。則光はこの件を隠していたところ、翌朝、勝手に名乗り出て自慢する男があったというものであるが、盗賊譚としては、やはり夜の話であった。

ただし、盗賊が出現するのは、すべてが夕方か夜かといえば、『今昔』には昼間と思しき例も二例ある。二九―二二（「鳥部寺に詣づる女盗人に値ふ語」）は、鳥部寺（現、京都市東山区に所在する宝皇寺）に参詣した人妻が小女を一人従えていたが、雑色男《ぞうしき》（雑役に従事する身分の低い男）に捕まって暴行され、衣服を剝ぎ取られるという話。人妻が鳥部寺に出かけたのが、一〇月二〇日の午時（午前一二時）頃というのであるから、おそらくは男に暴行されたのも昼過ぎであったとみられる。二九―二三（「妻を具して丹波の国に行く男大江山に於て縛らるる語」）は、京から丹波国に向かった夫婦が大江山（現、京都市西京区大枝と亀岡市篠町との間にある山）辺で「昼ノ養セム（昼食を摂る）」ために、道連れの男と藪の中に入った時、道連れの男は、夫を脅し木に縛り付けて、その眼前で妻を強姦するという話。これは確実に昼間の出来事という他ない。

ただ、その一方で注目したいのは、『今昔』二九―四（「世を隠るる人の聟と成る□語」）で、ある男が二〇歳余りの裕福な女の家に通い、やがて妻が妊娠する。ある日、突然、女の父と名乗る醜悪な男が現れ、二人の生活をうかがっていたが、男の誠実な気持ちを認めたといって、一切の財産、所領を男に譲り、娘の行く末を託して立ち去る。その後、女の父は男に手紙をよこして、自分はかつて人に欺かれて盗賊になり、世を忍ぶ身の上であると打ち明けて、その後は二度と姿を見せなかったという話。この中で、男が女の父に出会う際、父親は髪を後ろに束ね、烏帽子《えぼし》もかぶらず、落蹲《らくそん》の舞（落蹲の舞については本書三六頁の図4参照）のような顔をしていたので、男は「此ハ昼盗人ノ入ニタルニコソ有ケレ（さては昼盗人が押し入ったに相違ない）」と思い、枕元の太刀をとったとある。この「昼盗人」といういい方は『今昔』では他に出てこないが、昼間の盗人はあり得ない、珍しいという意識が働いているのであろう。ちなみに、鎌倉幕府で用いられた法律用語を解説し、かつ訴訟文書の文例を示した、一四世紀成立の『沙汰未練書』が「検断沙汰（今日の刑事事件の訴訟）」の中に「強盗」とともに「昼強盗」を挙げているのも、強盗は夜に活動するのが基本と理解されていたからであろう。

女盗賊団

盗賊が夜に活動する点について、夜は人間の日常生活から見ると異界であるので、盗賊は異界の存在といえる。この場合、盗賊がはじめから異界性をもっていたとするのか、夜に活動することが多いので異界性をもつに至ったのかは、にわかに判断できないが、いずれにしても盗賊は、古代の人々の心性としては鬼・霊・仏・神などと同一のレベルの存在と観念されていたのではあるまいか。その意味で注目したいのが『今昔』二九—三（「人に知られぬ女盗人の語」）で、美女を首領とする盗賊団の話である。『今昔』でも屈指の長編であり、概要を紹介すると以下の通り。

京都の街中で、名前もわからない歳が三〇ぐらいの男が夕暮れ方に通りを歩いていると、蔀戸《しとみど》の中から鼠鳴《ねずな》き（チュッチュッと口を鳴らす）がして誰かが手招きをする。男は呼ばれるまま家の中に入る。中に二〇歳ほどの美しい女がおり、そのまま男は女を抱き、女のとりこになってしまう。家には女以外に誰もおらず、食事などは従者が来て世話をする。その際、女も従者も無言のうちに行動する。二〇日も過ぎると、女は男を柱に縛り上げて鞭で男の背中を八〇回ほど叩く。男は黙って耐える。三日ほどたって傷が癒えると、また鞭でたたき、さらにはからだをひっくり返して腹を叩く。傷が治ると、ある夕暮れ方、女は男に黒装束や弓などを与え、これで男は盗賊の一味に加わることになった。その後、男は女に命ぜられるままに盗賊をして働く。首領らしい色白の小男（女らしい）を囲んだ二〇人余りと、より身分が低いものが二、三〇人、徒党を組んで京に侵入し、大きな邸宅に押し込む。男は近くの手ごわい家に対する加勢役として働き、家から出てきた相手方を射殺したりした。それが七、八度になり、一、二年が過ぎる。そのうち、女は心細げに泣く。男女は心ならずお別れせねばならないことがあるかと思うと悲しくて仕方がないという。男はただ口でそういうだけだろうと思って、用事で二、三日出かける。次の日になると、馬も供の者もいなくなる。男は不思議に思って急いで戻ってみると、それまでいた家が跡形もなく消えていた。蔵があったあたりに行っても、蔵もすでに跡も形もなかった。その時、はじめて男は女の言葉に思い当たる。その後、男は自分から二、三度盗みに入って、ついに捕まり、尋問されるままにすべてを白状した。

この話のポイントは三つある。すなわち、第一点は、盗賊団は、「家ニ居乍ラ、云ヒ俸《おきつ》ル事モ無キニ、思フ様ニシテ、時モ不違ズ来ツ、従者共ノ翔《ふるま》ヒケム、極テ怪キ事也（女は家にいたまま、とくに命令を下さないのに、思い通りに従者が時を違えずやってきては強盗を働いたというのも、まことに不思議である）」とあるように、女を中心に無言での集団行動という行動様式をもつこと、第二点は、盗賊団の活動は夜であったらしいこと――この点は話の中では直接語られているわけではないが、松明《たいまつ》の火影で見ると盗賊団の長は妻に似ているという件がある――、第三点として、女の家や蔵が急に跡形もなく消えうせるということ。とくに第三点から盗賊団が異界性をもっていたと判断されるのではあるまいか。これは鬼などが「搔キ消ツ様ニ失ヌ」というのと同じであろう。実際、この話にも「此レ糸《いと》奇異《あさまし》キ事也。其ノ女ハ変化《へんげ》ノ者ナドニテ有ケルニヤ。一二日ガ程ニ屋ヲモ蔵共ヲモ跡形モ無ク壊失ヒケム、希有ノ事也（これは実に驚くべきことである。あの女は変化のものであったろうか。一日二日のうちに家も蔵も跡形なく壊し、消滅させてしまったのは、何とも不思議なことだ)」とあった。

武　士

ところで、このような盗賊の特質は、とくに第一点と第二点に関しては、武士と共通するところがある。そこで、武士が活躍する説話を『今昔』から二つ紹介する。

『今昔』二三―一四（「左衛門尉平致経《むねつね》明尊僧正を送る語」）は、時代は頼通全盛時代とあり、また、明尊が僧都《そうず》であった時（一〇二一～三六年）とあるから、一一世紀中頃の話とみられる。頼通邸にいた明尊が、夜、急用があって三井寺（現、滋賀県大津市に所在）に行き、夜のうちに帰ってくることになった。その明尊の護衛として、平致経が担当することになる。致経は最初徒歩で松明をもって先導するが、七、八町進むと、黒装束を付けて弓矢を帯びた二人が行く手から歩み寄ってきた。二人は致経のために馬を準備しており、致経はそれに乗り込んで進む。さらに二町余り進むと道の脇から黒装束で弓矢を帯びた者が二人おり、これも馬に乗って従う。この間、致経は何もいわない。明尊は、これは郎等だ、不思議なことをするものだと思っているうちに、一町か二町行くごとに郎等が二人ずつ加わっていく。賀茂川を渡るときには三〇人余になっていたので、改めて明尊は不思議なことをするものだと思いつつ、三井寺に着いた。三井寺からの帰りは行きと逆で、賀茂川原までは明尊を囲んで一団で進む。京に入ると致経が何も言わないのに、郎等《ろうとう》が二人ずつ留まっていき、結局、明尊は無事に頼通邸に戻った。明尊は馬や郎等があらかじめ訓練してあったようであるのが不思議であり、頼通にこの話をするが、どうしたことか、頼通は何も尋ねなかったので、明尊は期待はずれであった。

もう一つは、『今昔』二五―一二（「源頼信の朝臣の男頼義馬盗人を射殺す語」）で、源頼信（九六八～一〇四八年）、頼義（九八八～一〇七五年）父子の話。両者の生存期間からして一一世紀前半から中頃の話であろうか。逢坂山《おうさかやま》（現、滋賀県大津市）での馬盗人射殺の場面は、暗い夜における音の世界の描写に優れ、夜に音のもつ意味が改めて指摘できる話でもある。

頼信が東国の名馬を手に入れる。それを馬盗人が付け狙うが、名馬に付き添う武士たちが隙をみせなかったので、名馬とともに馬盗人も上京してしまう。名馬は頼信の邸宅の厩に無事入った。頼義は名馬が欲しくなり、夕方、頼信邸を訪れるが、その日の真夜中、馬盗人が雨音にまぎれて名馬を盗み出して逃走する。下人の叫び声に気づいた頼信、頼義は逢坂山まで追っていき、盗人が逢坂山付近の水の流れに名馬を「ツフ〳〵（じゃぶじゃぶ）」と水音をたてて渡らせている音を便りに、真っ暗な中、頼信は「射ヨ、彼レヤ（射よ、あれだぞ）」と叫ぶ。その言葉が終わらぬうちに、弓の音が響くと（弓を射たのは頼義）同時に走っていく名馬の鐙《あぶみ》は人が乗らないので「カラ〳〵」と聞こえた。頼信は、盗人は射殺したので、すぐに名馬をとってこいとだけ頼義に命じて引き返していった。そこで、頼義は名馬を連れ戻してきた。その帰り、出来事を聞きつけた郎等が一人、二人とやってくるのに出会い、京の頼信邸に帰り着いた時は二、三〇人になっていた。頼信は何ともいわず、夜明け前であったので、寝所で寝てしまった。最後に「怪キ者共心バヘ也カシ。兵《つわもの》ノ心バヘハ此ク有ケル（実に武士は不思議な心の持ち主である。武士の心とはまさにこのようなものだ）」という武士への高い評価の文章があって、この話が終わる。

右の二つの話から、武士についての三つの特徴が浮かび上がってくる。第一は、平致経らは無言の集団行動で明尊を守ったこと、源頼信、頼義父子もほとんど無言の連携で馬盗人を射殺したことである。第二は、両話においても武士の活動が夜であったことである（馬盗人も夜の活動）。第三は、少なくとも明尊は武士の活動を賞賛しており（頼通は、致経の行動自体を熟知していたため、関心を示すことがまったくなかったとみられる〈池上洵一「説話の世界」〉）、後者の話も武士の心が高く評価されていることである。

このようにみてくると、武士の活躍は実は盗賊の活動と紙一重であったことも確かである。言葉を必要としない集団の行動や連携という点で両者には共通するところがあった（小峯和明「女盗人二題」）。しかも、それは夜を舞台とするという点も同じである。これまでも、武士と盗賊は近い存在であり、武士は所領を求めるのに対して、盗賊は宝を求める点が相違するところとして指摘されてきた（五味文彦『殺生と信仰』）。ここでは武士の活動として、無言の集団行動（連携）が賞賛されるが、それがなされたのが夜という鬼・霊・神が活動する時間帯であり、盗賊が活動する夜間であったことにも注目したいと思う。まさに夜という異界において、盗人と異なり、秩序だった行動をするものとして武士の存在が注目されてくるのではないだろうか。

葬送儀礼

夜に行われたものとして葬送儀礼がある。天智《てんじ》天皇の第七皇子の志貴《しき》皇子（?〜七一六年）の葬列は、墓のある高円山《たかまど》（現、奈良市の東南）麓にまで進むが、笠朝臣金村は『万葉集』二―二三〇に「……高円山に　春野焼く　野火と見るまで　燃ゆる火を……（高円山に春野を焼く野火と見えるほどに燃えている火を）」と詠んだ。これからすれば、葬列は夜、手に手に松明をもって行うものであったことが知られる。

平安期には、葬送儀礼が夜に執行されたという例が史料に散見している（福山敏男「中尊寺金色堂の性格」）。たとえば、康保四年（九六七）五月二五日、村上天皇は清涼殿で死去したが、六月四日の酉四刻（午後七時半）、葬列は内裏の陰明《おんみよう》門から平安宮の殷富《いんぷ》門を通って、山城国葛野郡田邑郷北中尾（現、京都市左京区鳴滝宇多野谷）まで進み、同地に葬られた（『日本紀略』〈神代から平安後期までの歴史書〉）。また、冷泉《れいぜい》天皇の皇后であった、太皇太后昌子内親王は、長保元年（九九九）一二月一日に死去した後、子刻（午前〇時）、棺は糸毛車《いとげのくるま》（絹糸で屋形《やかた》を葺《ふ》く牛車《ぎつしや》）に乗せられて、北山岩倉の観音院（現、京都市左京区岩倉上蔵町大雲寺域内）に葬送されたが、葬列が同地に到着したのは丑刻の終わり（午前二時半頃）のことであった（『小右記《しようゆうき》』〈藤原実資《さねすけ》の日記〉）。後一条天皇は、長元九年（一〇三六）四月一七日に清涼殿で死去した。後一条天皇の葬儀については、『左経記《さけいき》』（源経頼の日記）の凶事関係記事を抜書きした『類聚雑例』に詳しいが、それによると、五月一九日に上東門院にあった天皇の棺は戌四剋（午後八時半）に出立、山作所《やまつくりどころ》（葬場）のある浄土寺西原（現、京都市左京区神楽岡東面）に向かい、二〇日辰剋（午前八時）に同地で荼毘《だび》に付された。

『源氏物語』に、葵上《あおいのうえ》が急死した後、鳥辺野《とりべの》（現、京都市東山区今熊野阿弥陀ガ峯の麓）で葬送が行われた話がある。「夜もすがらいみじうののしりつる儀式（夜通し騒ぎたつ盛大な儀式）」として、葵上の葬儀も夜のこととされていたことも指摘しておこう。

以上の例は、天皇・貴族の事例であるが、民間の葬送の場合も夜に実施するものであったらしい。『今昔』二七—三六（「幡磨《はりま》の国の印南野《いなみの》に於て野猪《くさいなぎ》を殺す語」）の話は、西国から脚力《かくりき》（飛脚）として上京中の男が播磨国印南野（現、兵庫県加古川市から明石市付近）で、山田の番をする無人の小さな小屋で一晩を明かすことになった。夜更けに念仏や鉦の音が聞こえ、松明をたくさん灯した葬列が小屋の近くにやってきて、死者の棺を葬った。卒塔婆《そとば》を立てて埋葬が終わると、皆帰っていった。やがて墓から鬼のようなものが飛び出してきて男を襲ったが、男は鬼を切りつけ倒した。鬼と見えたのは「野猪（たぬき）」であったという話。これは播磨地方の葬送の習俗を背景にした話であって、夜、松明を灯して葬送を行うことが民間でも広く行われていた——そのため脚力の男もそれをさほど不自然とは考えていない——ことが窺える。また、『今昔』二九—一七（「摂津《せっつ》の国の小屋《こや》寺に来たり鐘を盗む語」）も夜の葬送を背景にした話である。すなわち、摂津国小屋寺（現、兵庫県伊丹市に所在する昆陽寺《こんようじ》）に、西国から上京する、八〇歳ほどの老法師が、小屋寺の住持に頼んで鐘堂に宿泊させてもらうことになった。ところが、老法師はほどなく鐘堂の中で死んでしまう。そこに現れた息子二人が老法師の葬儀をすることとなった。戌時（午後八時）に、四、五〇人がやってきて、老法師を担ぎ出し、「後ノ山本ニ、十余町許去テ松原ノ有ル中ニ将行《いてゆき》テ、終夜《よもすがら》念仏ヲ唱へ、金ヲ叩テ、明ルマデ葬テ去ヌ（寺の後の山の麓にある、一〇町ほど離れた松原の中に遺体をもっていき、一晩中、念仏を唱え鉦を叩いて、夜明けまで葬儀をした後、立ち去った）」。しかし、これは盗賊の一味が死穢《しえ》の忌避を利用して、誰も寄り付かない鐘堂から鐘を盗み出し、鐘を解体したものということが後に判明するが、いずれにしても、この話からも、摂津国でも民間の習俗として夜に葬送儀礼が行われていたといえよう。

夜の帰京

貴族から庶民に至るまで、平安京外からの帰京は夜の出来事であった。たとえば、『土佐日記』によると、紀貫之《きのつらゆき》（?～九四五年）は承平五年（九三五）二月一六日、「夜になして、京に入らむと思へば、急ぎしもせぬほどに、月出でぬ（夜になるのを待ってから、京に入ろうと思うので、急ぎもしないうちに月が出た）」、「夜更けて来れば、ところどころも見えず。京に入りたちてうれし（夜も更けてから来たので、数々の所も見えない。京に入ってうれしい）」とあるように、夜になるのを待って都に帰ってきている。『更級日記《さらしなにっき》』の作者（菅原孝標女《すがわらのたかすえのむすめ》）の場合も寛仁四年（一〇二〇）、「粟津にとどまりて、師走の二日京に入る。暗くいきつくべくと、申の時ばかりに立ちて行けば……いと暗くなりて三条の宮の西なる所に着きぬ（粟津〈現、滋賀県大津市〉に逗留して、一二月二日に京に入った。日が暮れて暗くなってから行き着くようにと、申時〈午後四時〉頃に粟津を出発する……すっかり暗くなってから、三条の宮〈一条天皇の皇女修子内親王《しゅうしないしんのう》の御所〉の西隣にある我が家に辿りついた)」と、夜に京に着くよう、わざわざ申時に粟津を出立したという例である。

他にも、①『今昔』二六―一八(「観硯《かんけん》聖人在俗の時盗人に値ふ語」)は、盗賊に捕まった観硯が帰京する際に「……夜ニ入テ人ノ居静マル程ニゾ、家ニ来テ、門ヲ叩ク程ニ……(夜になって人々の動きが静まったころに、家に着いて門を叩く)」という話。②『今昔』二七―一五(「産女《うぶめ》南山科《やましな》に行き鬼に値ひて逃ぐる語」)は、ある宮仕えの女が父なし子を妊娠。北山科(現、京都市山科区の北部)の古びた山荘で出産したが、家主の老婆が鬼であることに気づき、老婆が昼寝をしているところを見はからって走って逃げ出す。賀茂川原に出て、ある「小家(庶民の家)」に入って着物を着直し、日暮れになってから主人の屋敷に戻ったという話。③『今昔』二九―五(「平貞盛の朝臣法師の家に於て盗人を射取る語」)に、陸奥国から帰京した平貞盛が、夕暮れ方に下京辺に住む知り合いの僧を尋ねて「只今陸奥ノ国ヨリ上リ着タルニ、夜ニハ成リタリ、『今夜ハ家ヘハ故《ことさら》ニ行キ不着《つか》ジ』ト思フニ、何コヘカ行カム(ただ今、陸奥国から到着したが、夜になったし、今夜は家に帰るまいと思っている〈帰宅することが凶という帰忌日のこと〉、どこへ行ったらよいか）」と語ったとあること。このうち、①は盗賊が観硯を京の自宅に送るというのであるから、一般的な入京の話としてよいかどうか、判断に迷うが、少なくとも、②からすると貴族だけではなく、一般庶民も夜を待って入京するのが習いであったらしい。

平安貴族の夜の入京に関して、国文学者の多田一臣氏は、「神の移動を潜在させた、みずからの位置を非日常世界に転位させるためのいわば無自覚的な行動であったのかもしれない」と指摘されたことがある（「古代人と夜」）。すなわち、貴族は神の資格で夜に入京するという理解であろう。たしかに夜が神などの異類の活動する時間帯であることは、これまでも何度も指摘してきた通りである。入京者が神になるということもあり得たかもしれない。しかしながら、そもそも夜の入京は、『今昔』二七—一五の宮仕えの女の例（②）があるように、貴族だけの行為ではないし、夜の入京と神の行為との間に特別なつながりがあったことが史料上確認できているわけではないと思う。

人目をはばかる

そこで、夜の暮らしという観点から、葬送儀礼について再点検してみよう。『今昔』三一—二九（「蔵人式部拯《じょう》貞高殿上に於て俄に死ぬる語」）に、内裏で藤原貞高（?～九八一年）が頓死した。死穢に触れることを忌むことから皆逃げ出すが、そのまま死者を放置できないので、内裏の東、宣陽門《せんよう》から死体を出そうとすると、見物人が先を争って宣陽門のところに集まった。そこで、藤原実資は急に西側の宜秋《ぎしゅう》門から出すよう命じ、貞高に死の恥をかかせないようにした。その後、実資の夢に貞高が現れ、死の恥を隠してくれたといって厚く礼を述べたという話がある。この話には、野次馬が人の死体を見たがるという好奇心が語られている。それからすると夜の葬送は死者を人目にさらさないということではないか。勝田至氏は、「葬礼に於ては、日中尤も其の憚《はばか》り有り、夜に入りて沙汰有るべし（葬礼を日中に行うのは最も敬遠するところである。夜に行うべきである）」、という中世の史料（応永二四年〈一四一七〉一一月二日「前大僧正聖快置文案写」）をあげて、「憚り」の具体的な意味は分からないものの、「見知らぬものの葬式に出会うことを不祥として嫌う人々の感情に配慮して、人目にふれぬよう夜に行うとの考えであろうか。または反対に、見物人にじろじろ見られるのを嫌う感覚かもしれない」と、二つの可能性を示して、最終的な判断を保留されている（「民俗の歴史的再構成」）。

夜の入京については、その理由を記しているのが『今昔』一九—五（「六宮の姫君の夫出家する語」）で、京に女を残したまま、陸奥・常陸から七、八年経て京に帰ってきた男が、「京ニ入ル日、昼ハ見苦シトテ、日暮ラシテゾ入ケル（京に入る日は、昼は見苦しいというので、日が暮れてから入った)」とある。この一文には、夜に入京する理由が「昼ハ見苦シ」と明記されている。少なくとも昼間の入京を避ける意識はあったものとみられる。

ところで、中世前期の処刑を分析した生嶋輝美氏は、処刑は昼間ではなく、夕方から夜、暁に行われていたことを明らかにし、軍記物に死に際の名誉のために鎌倉武士の処刑を人目にさらさせないためだという説明があることを指摘されている(「鎌倉武士の処刑と斬首(上)」)。古代でも、弘仁元年(八一〇)の薬子《くすこ》の変の後、藤原仲成は、夜、禁所(収監されていた右兵衛府《うひょうえふ》)で射殺された(『日本後紀』弘仁元年九月戊申条)。仲成の場合も公開の場で処刑されたとは考えにくい。ただし、すべての中世の処刑が非公開であったわけではないらしい。中世京都六条河原の処刑・梟首《きょうしゅ》を検討した清水克行氏は、犯罪穢や死穢を忌避する夜の処刑とともに、人々への見せしめとしての懲戒的処刑も共存していたことを明らかにされているからである(「織豊政権の成立と処刑・梟首観の変容」)。清水氏の指摘の通り、処刑の中には公開のケースもあったことは間違いあるまい。しかし、その一方で、夜の処刑が犯罪者を人目から遠ざけるものであったことも首肯されるところであろう。

このように夜の葬送、夜の入京、それに中世の夜の処刑とならべてみると、いずれも夜の暗さを利用して、それぞれを人目に触れぬように行うという人々の知恵が窺えるのではないだろうか。これまでも指摘した通り、古代の人々の心性では夜は神・霊・鬼などの異界のものが活動する時間帯であったことは間違いないとしても、多田説のように夜の入京までも神の行為になぞらえていたと解釈する必要はないと考える。夜には夜の暗さを巧みに利用する人々の営みもあったのではないか。その際、人目をはばかるというのもやはり視覚にかかわる問題であることを忘れてはならないだろう。

夜の狩

夜の暮らしに関する史料を探していると、古代の人々が夜に狩をしているという史料にもめぐりあったので、それも紹介しておこう。

『日本書紀』仁徳三八年七月条に、仁徳天皇と皇后が（難波高津宮の）高台《たかどの》で毎晩のように菟餓野《とがの》（現、大阪市北区兎我野町付近）から鹿の鳴く声を聞いていた。ところが、「月尽《つごもり》に及りて、鹿の鳴聆《きこ》えず（月末に鹿の鳴き声が聞こえなくなった）」。明日、猪名県《いなのあがた》の佐伯部が鹿の苞苴《おおにえ》（大贄）を献上した。天皇はどこの鹿かと尋ねると、菟餓野の鹿だと答えたので、天皇は、苞苴は必ずや鳴いていた鹿に違いないと思い、佐伯部を皇居に近づけたくないとして、安芸《あき》国の渟田《ぬた》に移したとある。この話からすると、佐伯部の鹿狩は新月の頃、月の出ない暗い夜に行われたらしい。

この記事の後に、『日本書紀』には別伝があり、次のような話を載せている。ある人が菟餓で一晩、野宿をした。その時、牡鹿と牝鹿が側で臥しており、「鶏鳴に及ばむとして（アカツキ〈午前三時から日の出前〉の時間に）」、牡鹿は牝鹿に今夜、自分のからだに霜が降りる夢を見たといったところ、牝鹿は、おまえが出歩く時にきっと人に射殺され、白い塩を塗られる予兆だと教えた。これを聞いた野宿した人は不思議なことと思った。その後、「未及昧爽《あけぼの》に（日の出前に）」、牡鹿は猟人によって射殺されてしまった。これも夜明け前に猟人が鹿を射殺しているので、夜の狩の一例に含めておきたい。

待ちと灯

夜に狩をする話は『今昔』にも二つある。一つは『今昔』二七―二三（「猟師の母鬼と成りて子を噉《く》らはむとする語」）で、山に入って鹿や猪をとる猟師の兄弟の話。「待ト云フ事ヲナムシケル。其レハ高キ木ノ胯《また》ニ横様ニ木ヲ結テ、其レニ居テ鹿ノ来テ其ノ下ニ有ルヲ待テ射ル也ケリ。然レバ四五段許ヲ隔テ、兄弟向様ニ木ノ上ニ居タリ。九月ノ下ツ暗《やみ》ノ比《ころおい》ナレバ、極テ暗クシテ、何ニモ物不見エズ。只鹿ノ来ル音ヲ聞カムト待ツニ、漸《ようや》ク夜深更ルニ、鹿不来ズ（兄弟は待ちという狩をした。それは高い木の股に横に木を結びつけ、そこにいて、鹿が下を通るのを待って射るのである。そこで、兄弟は四、五〇《メートル》ほど間隔を隔てて、木の上で向かい合っていた。九月下旬の闇夜の頃なので、極めて暗く、何も見えない。ただひたすら鹿の足音に聞き耳を立てて待っているうちに、次第に夜も更けてきたが、鹿はやってこない)」。その時、兄がいる木の上の方から、怪しいものの手が降りてきて、兄の髻《もとどり》をつかみ、それを上に引き上げた。弟は、兄の声を手がかりに矢を射、怪しいものの手を射止めた。その手をもって兄弟は家に帰ると、それは老母の手であったとある。

この話の後半は、人の親でも老年になると、必ず鬼になってわが子でも食うようになるという展開になっているが、前半にある、待ちという狩の方法は、新月に近い頃の暗闇の夜に、鹿の足音を頼りに鹿を射るという狩猟方法であった。弟の弓の腕前は、兄の声だけを手がかりに老母の手を射止めるというものであり、見事という他あるまい。

『粉河寺縁起絵巻《こかわでらえんぎえまき》』(本書二三・八五頁)にも、待ちと思しき場面がある。図7は、猟師が踞木《いざりぎ》を設けて、鹿を狙っていた場面が描かれているらしい。『今昔』にいう待ちの狩の様子であろうし、また、同絵巻には千手観音の庵の脇の踞木が図8のようにはっきり描かれている。なお、同絵巻は天正一三年(一五八五)、豊臣秀吉の紀州攻めに際して被災し、巻頭の詞書などが失われたが、同絵巻より成立が遡る史料に、天喜二年(一〇五四)二月一七日の奥書のある仁範編『粉河寺大卒塔婆建立縁起』がある。この縁起によると、猟師の名前は大伴吼子古《くすこ》で、「一踞木を定めて、夜々猪鹿を窺う(一つの踞木を定めて、毎晩、

図７　鹿を狙う猟師
（『粉河寺縁起絵巻』
第１段，粉河寺所蔵）

図８　踞木（『粉河寺縁起絵巻』第５段，粉河寺所蔵）

猪鹿を狙う)」とあるので、同絵巻も夜の狩の場面であった可能性が指摘される。

もう一つの灯《ともし》という狩は『今昔』二七―三四(「姓名を呼ばれて野猪を射顕はす語」)にある。朝夕に狩をする猟師の兄が、「九月ノ下ツ暗ノ比、灯ト云フ事ヲシテ(九月下旬の暗闇の頃、灯という狩をして)」いた折、林の中でしわがれた声で、兄の名前を呼ぶ声がする。しかし、それは兄の左側からのものであったので、松明を「焔串《ほぐし》(松明をひっかけておく道具)」にかけて馬に乗っていくと、その時は声がしない。今度は呼ぶ声を右側にして松明を右手にもっていくと、必ず呼びかける。毎晩、このようなことが続いた。京で宮仕えをしていた弟が郷里に帰ってこの話を聞き、兄に代わって馬に後ろ向きに乗って、そうとは知らずに兄の名前を呼んだ野猪を射殺したという話。

鎌倉中期成立の『宇治拾遺物語』一―七(「竜門の聖、鹿に代らんとする事」)に、大和国の竜門(現、奈良県吉野郡吉野町)に一人の聖がおり、その知人の男が、「いみじう暗かりける夜(ひどく暗かった夜に)」照射《ともし》という狩をするが、それは松明の光を受けて反射する鹿の目を目めがけて射るというものであった。この話では、知人の男が狙った獲物は、鹿の目の間隔が普通よりも狭く、目の色も違っていたので、男が近寄ってみると、竜門の聖が男に殺生を辞めさせるため、鹿の皮をひきかぶっていたことが分かり、男はそのまま出家したという。これを手がかりにすれば、『今昔』二七―三四の猟師の兄の灯という狩猟法も同様であったとみてよいだろう。ただし、弟が野猪を射殺した際、「音ヲ押量テ射タリケレバ、『尻答ヘツ』ト思エテ（野猪の声にねらいをつけて射ると、まさに手ごたえがあったと思われる）」とあるので、弟の狩は厳密には灯と解さない方がよいかもしれない。

このように見てくると、夜の時間帯に狩猟が行われることがあったことは否定し難い。もちろん、狩猟の時間は別に夜に限られていたわけではない（たとえば、『今昔』二七―三四の猟師の兄は朝夕に狩をしていたとある）が、『日本書紀』仁徳三八年七月条、『今昔』の二話、それに『宇治拾遺物語』の話は明らかに暗闇に狩猟をする話であり、『日本書紀』仁徳三八年七月条の別伝も夜の話である。まさに夜の暗さを利用して、鹿の足音（待ち）、鹿の光る目（灯、照射）をたよりに狩猟する人々の姿があったことは間違いあるまい。ここに暗さを逆手にとって、獲物と対決する猟師たちの逞しさや技量の高さが認められるのではないだろうか。

古代の朝・夕

朝・夕の時間

夕方とは、昼と夜との境界に位置する時間帯であった。薄暗くなって人が誰だか見分けにくくなることから、たそがれ時ともいい、文字通り、魔に出会う時間帯でもあったことから、逢魔《おうま》が時ともいった。『今昔』の中の話を手がかりに、夕方とはどのような時間帯であったか、検討してみたい。そこで、先に後半部分のみを検討した、『今昔』二七―一三の安義《あぎ》橋の鬼の話（前半部分）を取り上げることにしよう。

再び安義橋の鬼

近江守の館で、若い男たちが話をしているうちに、安義橋に鬼が出るということから、一人の男が近江守から鹿毛《かげ》の馬を拝領して、安義橋を渡ってみることになった。「日高ク成ヌ（日も高くなった）」頃に、男は近江国府（現、滋賀県大津市瀬田町神領町）を出立して、「日モ山ノ葉《は》近ク成テ（日も山の端近くになって）」、ようやく安義橋のたもとに到着。男は馬の尻に油を塗ってから橋を渡る。すると、橋の中ほどに「薄色ノ衣《きぬ》ノ□ヨカナルニ、濃キ単《ひとえ》、紅ノ袴長ヤカニテ、口覆シテ破無ク心苦気ナル眼見ニテ女居タリ（薄紫の衣に濃い単衣を重ね、紅の袴を長やかにはいて、衣の袖で口を覆っている、何とも悩ましげな眼差しの女がいた）」。男は、ここにこのような女がいるわけがない、鬼であろうと自分に言い聞かせ、「目ヲ塞テ走リ打テ通ル（目を塞いで馬を走らせた）」。すると、人里まで連れて行って欲しいという女の呼びかけを男が聞き終わらないうちに、「頭身ノ毛太ル様ニ思エケレバ（髪や身の毛が太くなるような気がして）」、馬に鞭打って飛ぶように逃げていくと、女の「『穴《あな》情無《なさけな》』ト云フ音《こえ》、地ヲ響カス許《ばかり》也（『なんとつれない』と叫ぶ声が大地を揺るがすほどに聞こえた）」。男は観音を念じて、馬を走らせると、鬼は走りかかり、馬の尻に手をかけたが、油が塗ってあったので鬼は馬を捕まえられない。ここで男が振り返ると「面《おもて》ハ朱ノ色ニテ……」という鬼の姿（本書二〇頁）が見えた。男が人里に駆け込むと、鬼は掻き消すように失せた。

後日、夜に鬼は男の実弟に変身して男の自宅を訪ね、男の首を切って復讐したという話は前に紹介した通りである。

この話からも鬼の出現・退場に関わる特徴をいくつか指摘できる。まず、第一は、安義橋に鬼が出たということである。橋という境界領域に異界から鬼が出現することはすでに指摘した（本書一六〜二〇頁）。安義橋の鬼も事情は同じといえる。鬼が掻き消すように失せたという件であるが、この点も前述したところである（本書二一〜二四頁）ので、ここでは繰り返さない。第二は、鬼と出会った時間である。男が安義橋に到着した時は、日が山の端に近くなった頃というのであるから、夕方のことであろう。男が安義橋から近江守の館に馳せ戻った時は「彼レハ誰ソ時（たそがれ時）」とあるので、安義橋での出来事は夕方の早い時間帯とみるべきではないだろうか。いずれにしても、そうした昼間と夜の境界的な時間帯に、異界から鬼が出現したことになる。というよりも、そのような時間に鬼の領域に男が侵入したということになる。第三は、橋の上で男は「頭身ノ毛太ル様ニ思エケレバ」、女の声が「地ヲ響カス」とあることからも、目を塞いでいた男は鬼の存在を皮膚感覚や聴覚でも感じたこと。視覚以外の感性で鬼を感じたという点は夜の出来事と共通する。

慈恵の霊

『今昔』三一―二四（「祇園比叡《ぎおんひえ》の山の末寺と成る語」）は、もともと山階寺《やましな》（興福寺）の末寺であった祇薗（祇園感神院《かんじんいん》）が、延暦寺《えんりやく》の末寺になったという話。祇薗の東に、延暦寺の末寺の蓮花寺という寺があった。祇薗の別当、良算が蓮花寺の門前のすばらしい紅葉の枝を欲しがった。ところが、蓮花寺の住職がそれを断ったということに端を発して、山階寺と延暦寺との間で争いになった。天台座主《ざす》の慈恵僧正《じえそうじょう》（良源〈九一二～八五年〉）は、強引に祇薗を延暦寺の末寺にし、良算を追い出そうとした。良算の方は平公正や致頼《むねより》（？～一〇一一年）らの武士を集めて対抗したが、慈恵の方も僧兵を祇薗に派遣して、良算を追放した。この間、山階寺の大衆が朝廷に訴えるため上京したため、朝廷が裁決することになったが、その前に慈恵は死んでしまった。朝廷の裁決が出る前日、山階寺側で中心となってこの一件に対処していた中算（九三五～七六年）は、勧学院（平安京左京三条一坊に所在）近くの民家に宿をとっていたが、「夕サリ方（日が暮れはじめた頃）」、中算が、急に人が来るので弟子たちに外に出るよう命じた。弟子たちが席を外していると、「人外ヨリ入来ルトモ不見エヌニ、中算人ト物語スル音ノ聞エケレバ、弟子共、『怪《あやし》』ト思ケル程ニ、暫許《しばしばかり》有テ、中算弟子共ヲ呼ケレバ、皆出来タレケルヲ、中算、『此ニ山ノ慈恵僧正ノ御タリツル也』ト云ケレバ、弟子共此ヲ聞テ、『此ハ何カニ宣《のたま》フ事ゾ。慈恵僧正ハ早ウ失ニシ人ヲバ』ト思ケレドモ、怖シクテ物モ不云デ止ニケリ〈外から誰も入ったとも見えないのに、中算が誰かと話す声が聞こえたので、弟子たちは不思議なことだと思っていると、しばらくして中算が弟子たちを呼ぶ。皆出ていくと、中算は『ここに比叡山の慈恵僧正がいらっしゃったのだ』といった。弟子たちはこれを聞いて、何をおっしゃるのか。慈恵僧正はすでに亡くなっているのに、と思ったが、怖ろしくて物もいわずにいた〉」。翌日、中算は朝廷の裁決の場に出ず、山階寺の大衆も引き上げたため、祇薗は比叡山の末寺になったという。

中算の前に慈恵の霊が現れたというのは、中算の方が慈恵よりも早く没しているので、年代的には矛盾しており、あり得ない話である。ただ、その中で、誰も中算と会っていないはずなのに、弟子たちには中算が誰かと話す声が聞こえたこと、その相手を中算は慈恵だと語ったことは重要な点である。なぜならば、弟子たちは、姿形ではなく、声〈聴覚〉を介して、慈恵の霊が中算の前に現れたことを察知したことになるからである。その時間帯は「夕サリ方」であった。

内神・迷神の示現

『今昔』一九―三三〈「東三条の内の神僧に恩を報ずる語」〉は、東三条院〈平安京左京三条三坊にあった、藤原良房〈八〇四～七二年〉に始まる摂関家の邸宅）の戌亥隅（西北隅）に鎮座していた神（内神）に、二条大路をはさんで北側に住む僧が、日頃経を読んでいたところ、夕暮れ方、僧のもとに大変美しい二〇歳くらいの男がやってきた。男は僧の恩を感謝して、東三条院の戌亥隅に鎮座する神のそばの高い木の下に連れて行った。僧は男の後について木に登ると、そこにはすばらしい宮殿があり、僧が男の約束を破って、室内を覗くと、東は正月一日頃の様子、辰巳（東南）は子《ね》の日の遊び、南は賀茂祭や五月五日節、未申（西南）は六月祓《みなづきばらえ》、西は七月七日（以下、欠文）と方角順に京の佳景が展開されていたというもの。この話に出てくる高い木は神木《しんぼく》であろうし、神（あるいは神の使者）は美しい男に変じて、神木を昇降したことになる。また、木の上は、四季の光景を一度に無限に見ることができる世界であった。これは通常の人間界ではあり得ない時間が流れる空間で、「四方四季の座敷」、「四方四季の庭」とされる異界といえよう（小松和彦『異界と日本人』）。

なお、「四方四季の庭」の一例として、『道脇寺《どうきょうじ》参詣曼荼羅《まんだら》』（図9）がある。同曼荼羅は天正三年（一五七五）の兵火で焼失した道脇寺（現、兵庫県多可郡多可町の極楽寺の前身）の境内の様子を描いているといわれているが、本堂向かって左手の桜は満開、右手の楓は紅葉の始まった頃合、左手上の護摩堂裏の桜も満開、左手下の弁天堂の紅葉も樹下に

図９　「四方四季の庭」(『道脇寺参詣曼荼羅』，極楽寺所蔵)

一部散っており、春と秋と異なる季節が同時に描かれていることになる。かかる季節の併存が「四方四季の庭」であり、異界表現の一標識であった。異界を曼荼羅に描き入れることで、異界への参詣を人々に促したものであろう（山本陽子「異界の季節表現」）。

『今昔』二七―四二（「左京の属《さかん》邦利延《くにのとしのぶ》迷神《まどわしがみ》に値ふ語」）は、三条天皇の時代（在位一〇一一～一六年）、石清水《いわしみず》行幸に左京属邦利延が供奉《ぐぶ》した。左京職の役人は職務上、九条まで供奉すればよかったのを長岳《ながおか》の寺戸（現、京都府向日《むこう》市寺戸町）というところまでいってしまった。「日モ漸《ようや》ク下レバ（日も次第に傾いてきた）」という頃、利延は迷神に取り憑かれ、長岳の寺戸周辺を歩き回り、「漸ク日モ暮方ニ成ヌ（ようやく日が暮れ方になった）」時には、大勢いたはずの人々も一人も見えなくなった。その後、寺戸の西の板屋堂の軒先で夜を明かし、朝になって西京の家に戻ったという話。

両話とも、夕方に神が示現する話である。神の示現は基本的に夜のことであるが、中には早くも夕方から示現することがあったといえよう。

狐の変化

『今昔』二七―三九（「狐人の妻の形と変じて家に来たる語」）は、夕方の狐の変化《へんげ》譚《たん》である。京の雑色男《ぞうしきおとこ》の妻が、夕方暗くなる頃に、用事があって大路に出ていったが、なかなか帰ってこない。やがて妻が家に帰ってきたが、しばらくして全く同じ顔の妻が入ってきた。夫はびっくりしてどちらかは狐であろうと、太刀を抜いて後から入ってきた妻を切ろうとすると、妻はどうしてこのようなことをするのかといって泣く。今度は前に入ってきた妻を切ろうとすると、妻は手をすり合わせて泣き惑う。男はどうしてよいか分からず、騒いでいるうちに、前の妻が怪しいと思い、それを押さえつけていると、「其ノ妻奇異《あさまし》ク臰《くさ》キ尿《ゆばり》ヲ散《さ》ト馳懸タリケレバ、夫臰サニ不堪ズシテ打免タリケル際ニ、其ノ妻　忽《たちまち》ニ狐ニ成テ、戸ノ開タリケルヨリ大路ニ走リ出テ、コウ〱ト鳴テ逃去ニケリ（その妻は何ともいえない臭い小便をひっかけた。夫は臭さに堪えられず、手を放した隙に、その妻はたちまち狐の姿になって、戸の開いていたところから大路に走り出て、こんこんと鳴いて逃げ去った）」。男は腹立しく悔しがったが、すでに後のまつりであった。

この夕方の狐の話においても、臭い小便、こんこんという鳴き声が狐の変化《へんげ》を裏付ける。嗅覚や聴覚は、夜の間だけではなく、夕暮れの中でも大切な働きをしていたはずである。

赤い単衣

このように安義橋の鬼、慈恵の霊、内神・迷神、狐の変化と取り上げてみると、夕方にも、はやくも異界のものは姿を現しており、その点で、夕方は夜の世界と共通するといえよう。暗闇が迫る夕方は、異類が示現し、まさに異変が起こりやすい時間帯であった。また、そうした時には、音やにおい、皮膚感覚が重要な働きをしていたことも夜と同じであった。ただ、次に取り上げる夕方の話は、異界の赤い単衣《ひとえぎぬ》という姿形そのものが人々に目撃されていたというものである。

『今昔』二七―四（「冷泉院《れいぜい》の東洞院《ひがしのとういん》の僧都《そうず》殿の霊の語」）のあらすじは以下の通り。平安京左京二条四坊（冷泉小路の南、東洞院大路の東）の僧都殿は不吉な場所で人が住むことがなかった。僧都殿の北側は源扶義《すけよし》（九五一～九八年）の家で、その舅は讃岐《さぬき》守源是輔《これすけ》という人であった。僧都殿の北側から見ていると、僧都殿の戌亥《いぬい》の角に大きな榎の高木があり、夕暮れ時になると、寝殿の前から赤い単衣が飛び上がって、西北の榎木に飛んでいき、梢に登った。そこで、これを見る人は怖れて、あたりに近寄らなかったが、讃岐守の家に宿直《とのい》している武士は単衣が飛んでいるのを見て、自らが射落とすことを申し出た。夕暮れ時に、男（武士）は僧都殿の南面の縁側にそっと上がって待っていると、東の竹が少し生えている中から、赤い単衣がいつものように「ハヘ飛テ渡ケル（すうっと伸びて飛んでいく）」。男は雁胯《かりまた》（先端が股状に開いた鏃《やじり》をつけた矢）を弓につがえ、強く引き絞って射ると、単衣の真ん中を貫いた。単衣は射られたまま、いつものように榎木の梢に登ったが、その矢が当たった地面には血がおびただしく流れていた。男は讃岐守の家に帰って、その夜、寝たまま死んでしまった。

この話も夕暮れの怪異譚といえよう。夕方になると、赤い単衣が僧都殿の中を飛ぶことはしばしば人々の間で目撃されていたはずである。夕日の赤い光を浴びて（このことは書かれていないが）、赤い単衣が飛ぶ。射られた後には赤い血がおびただしく流れていたという話の展開からは、赤という色が印象的である。音もなく、すうっと飛ぶ赤い単衣とは、聴覚ではなく、視覚が優位の世界の産物であろう。夕方とはそのような時間帯でもあったといえる。

朝の異変

朝は、薄暗く人の顔もおぼろげにしか見えず、あれは誰かということから、かはたれ時ともいった。夜と昼との間の朝は、昼と夜との間の夕方とともに境界的な時間帯でもあったが、朝には夕方と異なり、異界のものが示現する話の事例が少ない。その点で夕方と朝とは異質であったといえる。管見の限りで、朝の異変が窺える史料は三例に過ぎず、それをあげると、以下の通りである。

第一は、『豊後国風土記《ぶんご》』総記条である。すなわち、景行天皇《けいこう》の時代、豊国直の祖、菟《う》名手《なで》が天皇の命で豊国を治めることになる。菟名手は豊前国仲津郡中臣村（現、福岡県行《ゆく》橋市《はし》）に到着。その地で日が暮れて一泊した。「明くる日の味爽《あけぼの》（明くる日の夜明け）」、たちまちに白鳥が北から飛来して、この村に集まった。菟名手は部下の者に白鳥を見に行かせると、「鳥、餅と化為る。片時《しまし》の間に、更、芋草数千許株《いえついもいくちもと》と化《な》りて花葉尽に栄えき（白鳥は餅に変じた。あっという間に里芋数千株になり、花と葉も栄えた）」。菟名手は不思議なことと思い、都の天皇にこのことを報告したというもの。白鳥が餅になり、さらに里芋になったというのは、早朝の出来事であった。

第二は、『常陸国風土記』香島郡条の白鳥里の伝承。古老の伝えとして、垂仁《すいにん》天皇の時代に、白鳥がいた。「天《あめ》より飛び来たり、僮女《おとめ》と化為りて、夕《ゆうべ》に上り朝《あした》に下る（天から飛んできて、童女に姿を変え、夕方には天に昇り、朝には降りてくる）」。石を拾っては池を造り堤を築こうとして、無駄に月日を重ねて、築いたり壊したりして、堤を造ることができなかったとある。この伝承は、夕方に童女が白鳥になって天に昇り、朝に白鳥が童女になって天から下るということであるから、夕方と朝という境界的な時間に、白鳥と童女は変身と天からの昇降を繰り返していたことになる。

第三として、『出雲《いずも》国風土記』神門郡《かむどのこおり》条の朝山郷の伝承がある。「神魂《かむむすび》の命の御子、真《ま》玉着玉《たまつくたま》の邑日女《むらひめ》の命坐しき。その時、天の下造らしし大神大穴持の命、娶《あ》ひ給ひて、朝毎に、通ひ坐しき。故れ、朝山と云ふ（神魂の命の御子、真玉着玉の邑日女の命がいらっしゃった。その時、天の下をお造りになった大神のオオナムチノミコトが結婚されて、朝ごとに通ってこられた。だから、朝山という)」。この伝承は妻問婚を背景にしたものであるが、朝に男(神)が女(神)のもとに通うというのは、時間的には例外に属する。平安時代の文学作品の時間表現語彙を検討した小林賢章《たかあき》氏は、男が女を訪ねるのがヨヒ(午後一一時まで)、女と同衾《どうきん》するのがヨハ(子・丑刻〈午後一一時から午前三時〉に対応)であり、女と別れる時がアカツキ(日付変更時点の午前三時から日の出まで)ということを明らかにされている(『アカツキの研究』)。平安期の妻問婚の時間が『風土記』の時代と大幅に違っていたとも考え難いので、オオナムチの通婚はやはり異例だったのではあるまいか。そのために、「朝山」の地名も生まれたのであろう。異例の朝通いを可能にしたのは、「天の下造らしし大神」としての「超越性ではなかったろうか」という見解(松本直樹『出雲国風土記注釈』)がある。

朝の驚き

このように夕方と異なり、朝には異界のものが姿を現したりすることが極めて少なかったものと思う。しかし、朝には別の意味づけがあった。それが夜に起きた異変が朝日のもとで察知され、人々が驚愕するという関係である。この点は、これまでもしばしば指摘したところであるが、改めて具体的な事例を取り上げて、朝とはどのような時間帯であったかを述べてみたいと思う。

『常陸国風土記』香島郡条には、津宮に船を献上する由来伝承がある。古老の伝えとして、倭武《やまとたける》天皇の時代、天の大神が中臣の臣狭山《おみさやま》命に舟を奉納するよう命じた。臣狭山命はその通りにすると、「天の大神、昧爽後に宣りたまひしく、『汝《いまし》の舟は、海中に置きつ』とのたまふ。舟主仍りて見れば、岡の上に在り（天の大神が夜明け後に『おまえの舟を海中に置いた』とおっしゃる。舟主の臣狭山命が見ると、岡の上にあった）」。その後、天の大神が（夜明け後に）舟を岡の上に置いたというと、海中にある。このようなことが二、三度ではなくなり、ついに臣狭山命は恐懼して、新たに舟三隻を作って津宮に献納したというもの。舟が海中と岡の上との間を移動するという不思議は夜のうちに起きていたはずである。臣狭山命がそれに気付くのは朝のことであり、驚きをもって受け止められていたのであろう。

『霊異記《りょういき》』中―三三（「女人悪鬼に点《けが》されて食噉《くら》はれし縁」）は、大和国十市郡菴知《あんち》村（現、奈良県天理市庵治町）の鏡作造《かがみつくりみやつこ》の一人娘、万《よろず》の子に、ある身分の高い男性が求婚した。夜、寝室から「痛い、痛い」という声が三度聞こえたが、万の子の両親は、娘が男と交接するのが初めてだから痛いのだろうと思い、そのまま寝てしまった。翌朝、娘夫婦がなかなか起きてこないので、母が寝室の戸を開けると、娘は頭と指一本を残しただけで、後はすっかり食われていた。また、妻問いのための贈物（「彩《しみ》の帛《きぬ》〈絹布〉」）は、獣の骨となり、それを載せた三台の車も呉朱臾《からはじかみ》の木に変じていた。両親はこれを見て戦慄しつつも悲しみ嘆き、「八方の人聞き集ひ、臨み見て怪しびずといふこと无《な》かりき（周囲の人々も集まり、様子を見たが、不思議に思わない人はいなかった）」という。万の子に通ってきた男性の正体は、標題にある通り、悪鬼であった。夜のうちに男（悪鬼）が万の子を食らうという不思議な出来事があり、それを翌朝、両親や周囲の人々が発見する。まさに朝には異変が驚きをもって迎えられたものと思われる。

『日本書紀』天武七年（六七八）一二月是月条は筑紫国の大地震の記事である。この中に「是の時に、百姓の一家、岡の上に有り。地動る《ないふ》夕《よい》に当りて、岡崩れて処遷《ところうつ》れり。然れども家既に全くして、破壊るること無し。家の人、岡の崩れて家の避れることを知らず。但し会明《あけぼの》の後に、知りて大きに驚く（この時、百姓の家が岡の上にあったが、地震が起きた夕には、岡が崩れて家ごと他に動いた。しかし、家は全く無事で壊れることもなかった。家の人は、岡が崩れ家が動いたことも知らなかった。しかし、夜が明けてから家が動いたことを知って大いに驚いた）」とある。地震による地すべりで家が滑落《かつらく》したものの、家も住民も無事であったというのは、実は近年でも同様なことが起きている。一九九三年一月の釧路沖地震では、釧路市郊外の丘陵地で一棟の住宅が二〇㍍《メートル》近くも滑落したが、建物の外見はほとんど損傷がなく、中に住んでいた夫婦も激しい揺れに動揺して、家が滑り落ちたことに気付かなかった。また、一九九九年九月の台湾の集集地震でも、一軒の家が一五〇〇㍍《メートル》以上も滑落したが、建物と住民は無事であったという（伊藤和明『地震と噴火の日本史』）。天武七年の筑紫の大地震も同様な事例であろうが、暗いうちに起きた地震による家の滑落を、住民が朝に気がつき、大いに驚いたというのは、まさに朝がどのような時間帯であったかを雄弁に物語っているといえよう。

朝という時間

朝は夕方とは昼と夜との境界という点では共通するが、朝には異界のものが示現することは少なく、むしろ夜の不思議を人々が驚きをもって知る時間帯であったとみられる。

そもそも、朝とは、坂東の兵の武勇譚、『今昔』二五―五（「平《たいらの》維茂《これもち》藤原諸任を罰《う》つ語」）に、余五君《よごのきみ》（平維茂）の館が沢胯君《さわまたのきみ》（藤原諸任）の夜討ちによって焼かれるが、「夜明タレバ真現《まあ》ラハニ成テ（夜が明けると〈余五君の館の惨状が〉すっかり見え）」とあるように、まさにさまざまな事柄が白日に晒《さら》される時間帯であった。

『古事記』上の八千矛神《やちほこのかみ》の歌に「青山に　鵼《ぬえ》は鳴きぬ　さ野つ鳥　雉《きぎし》は響《とよ》む　庭つ鳥

雞《かけ》は鳴く　心痛《うれた》くも　鳴くなる鳥か　此の鳥も　打ち止めこせね……（青山にヌエは鳴いた。野にいる鳥の雉の声は響く。庭にいる鳥の鶏は鳴く。忌々《いまいま》しくも鳴く鳥か。このような鳥は鳴きやめさせてくれ）」とある。鳥の鳴き声が次第に山から野、庭へと人里に近づいてくる。朝は鳥の鳴き声とともに次第に人里にやってくるものと考えられていたのであろう（古橋信孝『古代の恋愛生活』）。

『今昔』一一―二二（「推古《すいこ》天皇本《もと》の元興寺《がんごうじ》を造りたまふ語」）には、本元興寺（飛鳥寺）を建立する地に古い槻《つき》の大木があった。その大木を切ることになったが、木こりが祟りで死んでしまうなど、中々切り倒すことができない。その時、ある僧が真夜中に大木の空洞に潜んで、大木に宿る精霊たちが大木を切る秘訣を語り合っているのを聞いてしまう。そのうち「鳥ナキヌレバ音モセズ（鳥が鳴いたので、霊の声もしなくなった）」というのであるから、大木の精霊は鳥の声を聞いて姿を消したことになる。朝の鳥の声が異類の活動を阻んだことも考えておかねばなるまい。『今昔』二四―二〇（「人の妻悪霊と成り其の害を除く陰陽師《おんみようじ》の語」）も、離縁された妻が怨み死にした後、夫は妻の死霊の祟りを怖れて、陰陽師の指示に従い、妻の死体にまたがり、妻の髪をしっかり握っているということになった。夜になると、死体は動き出すが、「鶏鳴ヌレバ、死人音モ不為成ヌ（鶏が鳴くと死人は音もたてず、静かになった)」。その後、夜が明け、陰陽師がやって来て、男を助けたという。ここからも鳥の鳴き声で死霊の活動が終わり、その後、夜が明けたという経緯であったことが知られる(本書八頁参照)。

このように見てくると、朝には異界のものが登場しにくいことが理解されよう。暗闇が迫ってくる夕方には早くも異類が示現するとしても、朝の方は同じ境界時間でも、夕方とは意味付けが異なっていた。少なくとも、古代の人々の心性では両者には区別があったのであろう。

人々の暮らしと朝・夕

古代の人々は夕方、朝方に何をしていたのであろうか。古代の夜における人々の暮らしにならって検討してみたい。

夕占

夕方には夕占《ゆうけ》が行われていた。夕占とは、『万葉集』三―四二〇の原文に「夕衢占問」（「夕占問ひ」）とあることからも、夕暮れに衢《ちまた》（道の交差点）に立ち道行く人の言葉で吉凶を占う方法である。たとえば、『万葉集』一一―二五〇六には「言霊《ことだま》の　八十《やそ》の衢に　夕占問ふ　占正《うらまさ》に告る《の》　妹《いも》相寄らむと（言霊の八十衢で、夕占をしたところ、はっきり占に出た。あの娘はなびき寄るだろうと）」とあった。

また、『万葉集』には「逢はなくに　夕占を問ふと　幣《ぬさ》に置くに　我が衣手は　またそ継《つ》ぐべき（逢えもしないのに夕占をしようと幣に切って捧げるので、私の袖は限りなく必要なことだろう）」（一一—二六二五）、「夕占にも　今夜と告らろ　我が背なは　あぜそも今夜よしろ来まさぬ（夕占にも今夜来ると出た、吾が夫はどうして今夜来ないのだろうか）」（一四—三四六九）とある。前者から、夕占には衣の袖を切って幣に捧げる習慣があったこと、後者は東歌であるので、夕占が各地で広まっていたことが想像されよう。

『大鏡』には、藤原兼家（九二九〜九九〇年）の母、時姫（?〜九八〇年）が若かった時、二条大路に出て夕占をした話がある。その時、「白髪いみじう白き女のただ一人行くが、立ちとまりて、『なにわざしたまふ人ぞ。もし夕占問ひたまふか。何事なりとも、思さむことかなひて、この大路よりも広くながく栄えさせたまふべきぞ』と、うち申しかけてぞまかりにける。人にはあらで、さるべきものの示したてまつりけるにこそはべりけめ（白髪のとりわけ白い女で、ただ一人行くのが立ち止まって、『何をされているのですか。もし、夕占をなさっているのですか。もしそうなら、何事でもお思いになることは叶い、この二条大路よりも広く長く栄えられるに違いありません』と、話しかけて行ってしまった。老婆は人間ではなく、しかるべき神仏のようなものが、時姫の将来を告げたのであろう）」。夕方に二条大路で、白髪のとりわけ白い老婆という「人にはあらで、さるべきもの」が時姫の将来を予言し、行ってしまったという。夕方に示現すると観念されていた異界のものの言葉を、古代の人々は夕占として耳を傾けていた様子が窺える。

鎌倉初期成立の『二中歴』九には、夕食《ゆうけ》（夕占）を問う時の歌として「布奈止左倍由不介乃加美爾毛乃止八々美知由久比止与宇良末左爾世与（ふなと塞へ　夕占の神に　物問はば　道行く人よ　占正にせよ）」という歌（岐神《ふなとのかみ》が〈夕占の場を〉塞いで、夕占の神に物を問うならば、道行く人よ、占いを的中させよという意か）を三度誦し、堺を作り、そこに米を撒き櫛の歯を鳴らすこと三度。後に堺の中に来た人、あるいは屋内の人の言語を聞いて、吉凶を知るとある。

衢という境界的な場所、夕方という境界的な時間帯に、「人にはあらで、さるべきもの」（『大鏡』）の声を聞くべく、夕占が行われていたことが明らかになったと思う。それは『万葉集』の時代ばかりではなく、広く中世にも及んでいたことが知られる（和田萃「夕占と道饗祭」）。

「朝目よく」

夕占に対して、朝目覚めたときの占いがあったのではないか。これは「朝目よく」という言葉に着眼された池田弥三郎氏の説である（『日本文学の〝素材〟』）。そもそも、「朝目よく」は、『古事記』中（神武《じんむ》）に一例のみある。すなわち、神武天皇一行は熊野で土地神の毒気にあたって正気を失った。この時、熊野の高倉下《たかくらじ》が太刀を神武に献上すると、一行は正気に返って起き上がった。神武が太刀を得た事情を高倉下に尋ねると、高倉下は次のように答えた。自分の夢にタケミカヅチが葦原中国《あしはらのなかつくに》を平定した時の太刀を降すので、「阿佐米余玖《あさめよく》（注略）、汝取り持ちて天つ神の御子に献れ（朝目よく、お前が太刀を受け取って天つ神の御子〈神武〉に献上しなさい）」。そこで、高倉下が夢のお告げのままに倉を開けてみると太刀があったという話。

池田氏の師、折口信夫《おりくちしのぶ》氏は、『死者の書』で「朝目よく」を使用している。すなわち、「夜のほの〴〵明けに、姫は、目を疑ふばかりの現実に行きあつた。――横佩家の侍女たちは何時も、夜の起きぬけに、一番最初に目撃した物事で、日のよしあしを、占つて居るやうだつた。さう言ふ女どものふるまひに、特別に気は牽かれなかつた郎女だけれど、よく其人々が、『今朝《ケサ》の朝目《アサメ》がよかつたから』『何と言ふ情ない朝目でせう』など、、それは〳〵と興奮したり、むやみに塞ぎこんだりして居るのを、見聞きしてゐた。郎女は、生まれてはじめて、『朝目よく』と謂つた語を、内容深く感じたのである」。折口氏の「朝目よく」という言葉の使用を踏まえて、池田氏は、「朝目よく」とは、朝、目が覚めた時、一番最初に見たものによって行う朝の占いと解釈された。

「朝目よく」の理解に折口氏の『死者の書』がどこまで援用できるのか、筆者にはにわかに判断できない。しかし、それでも池田説が正しいと思うのは、夕占が道行く人の言葉を聞く（聴覚）ものであるのに対して、「朝目よく」は文字通り、朝に見るという視覚に関わるものとみられるからである。先にも述べた通り、暗闇が迫ってくる夕方は人々の視覚が遮られ、視覚以外の感性が働くのに対して、朝は太陽の光のもと視野が段々と開けてくる。この両者の差は夕占と「朝目よく」の違いにもよく現れているのではないだろうか。池田説を支持する所以である。

変若水

朝に関わる水に変若水《おちみず》がある。変若水とは、若返りの水のことである。『万葉集』一三―三二四五に「天橋も　長くもがも　高山も　高くもがも　月読《つくよみ》の　持てるをち水　い取り来て　君に奉りて　をち得てしかも（天の梯子の長いのがあるとよい。高い山の特別に高いのがあればよい。月読の持っているおち水を取ってきて君に捧げて若返って欲しいものだ）」とあった。また、宮古島には「月のアカリヤザガマ」という話がある。節祭りの夜、神の使者アカリヤザガマが二つの桶を担って地上に降りてくる。途中、使者が桶をおろして休んでいたところ、大蛇が変若水の入った桶の水を浴びてしまう。そのため、人間は死水を浴びることになった。神はこれを聞いて大変怒り、使者に月の中にいて桶を担って立っているよう命じ、大蛇の方はお陰で脱皮をし、長生きをしているという話から、日本の古い信仰に淵源するものとして月が変若水をもっているというニコライ・ネフスキー氏の説（「月と不死」）があり、現在では通説化した感がある。

しかしながら、その後、ネフスキー氏の説に対する批判が出た。大久保正氏は、日本では日神が皇祖神化していったのとは対照的に、月神は人文神に転身することなく自然神に留まったこと、『万葉集』中に月を詠んだ歌が約一九〇首あるが、月の変若水は先の『万葉集』一三―三二四五の歌以外にはみられないことなどから、月と関係する変若水も、月と関連しないものも、中国的な神仙思想に由来するという見解を示されている（「月夜見の持てるをち水」）。これに対して、神仙思想の不老不死と若返りとは異なるという指摘がある（和田萃「出雲国造と変若水」）ので、ここでは、ネフスキー・和田説を継承し、変若水の信仰も、やはり日本の基層信仰の中に位置づけられるという立場で論を進めていきたい。

養老改元詔

そこで、取り上げてみたいのが養老改元の詔（『続日本紀』）である。これが出される経緯は以下の通りであった。霊亀三年（七一七）九月一一日、元正《げんしょう》天皇は美濃国に行幸することになるが、途中、近江国を経て、二〇日には美濃国当《た》耆《ぎ》郡に幸し、多度山《たどさん》の美泉を見、行幸に従う五位以上に物を賜った。二八日には平城宮に還宮。そして、一一月一七日に左のような養老改元の詔が出るのであった。

天皇、軒に臨みて、詔して曰はく、「朕今年九月を以て、美濃国不破行宮《ふわのかりみや》に到る。留連すること数日なり。因て当耆郡多度山の美泉を覧《み》て、自ら手面を盥《あら》ひしに、皮膚滑らかなるが如し。亦、痛き処を洗ひしに、除き愈えずといふこと無し。朕が躬《み》に在りては、甚だその験《しるし》有りき。また、就きて飲み浴る者、或は白髪黒に反り、或は頽髪更に生ひ、或は闇《おぼつかな》き目明らかなるが如し。自余の痼疾《やまひ》、咸《ことごと》く皆平愈せり。昔聞かく、『後漢の光武の時に、醴泉《れいせん》出でたり。これを飲みし者は、痼疾皆愈えたり』ときく。符瑞《ふずい》書に曰はく、『醴泉は美泉なり。以て老を養ふべし。蓋《けだ》し水の精なり』といふ。寔《まこと》に惟《おもい》みるに、美泉は即ち大瑞に合《かな》へり。朕、庸虚なりと雖《いえど》も、何ぞ天の貺《たまいもの》に違はむ。天下に大赦して、霊亀三年を改めて、養老元年とすべし」とのたまふ。……

（『続日本紀』養老元年〈七一七〉一一月癸丑条）

（元正天皇は、大極殿《だいごくでん》に出御して、詔をして、「朕は、今月九月に美濃国不破の行宮に到着した。逗留すること数日、当耆郡の多度山の美泉を見、自ら手や顔を洗ったところ、皮膚が滑らかになるようであった。また、痛いところを洗うと、痛みが除かれ癒えないということはなかった。朕のからだにとって、大きな効き目があった。また、泉にやってきて、泉の水を飲んだり浴びたりする者は、白髪が黒くなったり、あるいは禿げた髪がまた生えて来、あるいは見えにくい目が見えるようになった。その他の病気もすべて皆治ったという。昔、『後漢の光武帝の時代に醴泉が湧き出た。これを飲んだ者は病気がすべて平癒した』と聞いている。また、符瑞書には『醴泉は美泉である。老人を養うことができる。きっと水の精であろう』とある。まことに考えてみれば、美泉は大瑞にかなっている〈『延喜式』二一〈治部式《じぶ》〉に醴泉は大瑞とある〉。朕は平凡で才能もないが、どうして天の賜り物にそむけようか。天下に大赦し、霊亀三年を改めて養老元年とせよ」とおっしゃった）

この時の改元のきっかけになった「美泉」は、養老神社境内の菊水泉（現、岐阜県養老町白石に所在）のことといわれている（和田萃「養老改元」）が、ここで注意してよいのは、この詔が『後漢書』（光武帝紀中元元年〈五六〉是夏条）や「符瑞書」を引用して「美泉」を大瑞と説明している一方で、それとは別に傍線部のように「美泉」を若返りの水とも位置づけている点であろう。少なくとも、養老改元詔では、中国の天人相関説に基づく祥瑞と基層信仰に由来する変若水（神異）とが矛盾なく共存していたことを認めておかねばなるまい。また、『後漢書』では「京師《けいし》に醴泉湧出し、之を飲む者は固疾皆癒え、惟《た》だ眇《びょう》・

蹇《けん》の者のみ瘳《い》えず〈京師に醴泉が湧き出た。これを飲む者は直りにくい病も皆癒えたが、ただ、眇〈目を病んでいる者〉と蹇〈足を病んでいる者〉は直らない〉」とあるうち、改元詔は「惟だ眇・蹇の者のみ瘳えず」の部分を採用しておらず、かわって傍線部分を加えた形になっているのは、同詔の眼目がどこにあったかを窺わせる。そこで、傍線部分を改めて点検すると、変若水の効能として「白髪黒に反り」「頽髪更に生ひ」「闇き目明らかなるが如し」とあるように、白から黒へ、暗から明へなどという色の変化があると考えられていた点に留意したい。変若水をめぐる神異とは視覚に訴えるものであった。

かかる変若水をめぐる色の変化は、『万葉集』四―六二七・六二八の歌の佐伯宿禰赤麻呂と娘女とのやり取りからも知られる。娘女に求婚した赤麻呂は白髪頭だったらしい。娘女は「我が手本　まかむと思はむ　ますらをは　をち水求め　白髪生ひにたり〈私の手枕をして寝たいと思っていらっしゃるますらお〈赤麻呂〉よ。変若水を探しておいでなさい。白髪が生えていますよ〉」（六二七）と歌う。それに対して、赤麻呂は「白髪生ふる　ことは思はず　をち水は　かにもかくにも　求めて行かむ〈白髪が生えていることなど何とも思いません。その変若水は何としてでも探しにいきましょう〉」（六二八）と返している。二人の恋が成就したかどうかは分からないが、ここにも変若水によって、白髪が黒髪に変わるという観念を読み取ることができよう（和田萃「出雲国造と変若水」）。

朝の変若水汲み

『延喜式』四〇（主水《もいとり》式）に「御生気御井神祭一座祭……立春昧旦《あけがた》に至りて、牟義都首《むげつのおびと》水を汲み司に付して供奉に擬す。一たび汲む後廃して用ゐず（御生気御井神祭一座祭……立春の昧旦に牟義都首が水を汲んで主水司に付し、天皇への供奉に当てる。一度汲んだ井戸は二度と使用しない）」として、牟義都首が変若水汲みを司るという規定がある。野村忠夫氏によると、北濃の国造身毛《むげ》君氏は、大化前代から領内の美泉の水を大王家に献ずる役割を果たしており、養老元年の元正天皇の美濃国行幸に際しても、同氏が多度山の美泉を汲んだ。そして、このことにより、『延喜式』の変若水の儀に牟義都首が勤仕することになったといわれている（「村国連氏と身毛君氏」）。

野村説に何も付け加えることはないが、ここで注目したいのは、『延喜式』が「立春昧旦」に変若水を汲むとする点である。朝は人々が神異に視覚で気付く有力な時間帯であることはすでに述べてきた。事情は変若水の場合も同じであろう。人間の若返りの姿は、早朝に驚きをもって迎えられたのではないだろうか。とすれば、変若水は朝に汲まれ、朝に飲まねばならなかったはずである。

また、養老改元詔のきっかけになった「醴泉」は平城京に運ばれ、立春に変若水汲みの儀が始まる契機になったと見られる。『続日本紀』養老元年（七一七）一二月丁亥条に「美濃国をして、立春の暁に醴泉を挹《く》みて京都に貢らしむ。醴酒とするなり（美濃国に命じて、立春の暁に醴泉の水を汲み、都に貢進させた。醴酒〈あまざけ〉にするためである）」とあった。多度山の水も「立春の暁」の水汲みであったことが知られる。

「九条右丞相遺誡」

藤原師輔《もろすけ》の家訓が「九条右丞相遺誡《くじょううじょうそうゆいかい》」である。師輔が右丞相（右大臣）になった天暦元年（九四七）以後の成立と見られる。ここには日常、朝起きてからの立ち居振る舞いが細々と記されて、当時の貴族の生活が窺えて、興味深い。すなわち、「先づ起きて属星《ぞくしょう》の名字を称すること七遍（まず、起きて属星〈陰陽道でその人の生年に当たる星〉の名前を唱えること、七遍）」、「次に鏡を取りて面《おもて》を見、暦を見て日の吉凶を知る（次に鏡を取って顔を見、暦〈具注暦《ぐちゅうれき》〉を見てその日の吉凶を知る）」、「次に楊枝《ようじ》を取りて西に向ひ手を洗へ（次に楊枝を取って西に向かい手を洗う）」などと続く。この中の朝に鏡で自分の顔を見る行為があることは見逃せない。ちなみに、朝に鏡を見るというのは、『万葉集』にもあり、たとえば、一一―二五〇二には「まそ鏡　手に取り持ちて　朝な朝な　見れども君は　飽くこともなし（澄み切った鏡を手に取って見るように、朝毎に見てもあなたは見飽きることがありません）」とあるので、師輔の時代に始まった習俗ではない。ただ、朝に鏡を見ることには、これまでも指摘した「朝目よく」、変若水の信仰などを踏まえた宗教的な意味づけを考慮すべきではないだろうか。ここにも朝と視覚の関係が見出される。

古代の昼と時刻

古代の王権祭祀と昼・時刻

これまで古代の一日とはどのようなものであったか、古代の人々の心性においてはどのように考えられていたのかを『霊異記《りょういき》』や『今昔《こんじゃく》』などの説話などをもとに、夜、夕、朝という順番で述べてきたが、今度は昼とは何かを述べねばならない。そこで、ここでは古代の天皇が執行する王権祭祀《さいし》を手がかりに述べてみたいと思う。

平安期の儀式書

古代の王権祭祀は六国史《りっこくし》や貴族の日記などに記録されているが、その式次第は平安期の儀式書に詳しい。儀式書には、王権祭祀に関して、何時、どのように行われるのか記してあるケースが多い。具体的には、貞観一五年（八七三）から同一九年頃にまとめられたと推定されている『儀式』と、関係史料として『延喜式』を取り上げる。『延喜式』は延長五年（九二七）に撰進、康保四年（九六七）に施行された式の集成書であるが、その中に儀式的な規定が含まれている。『儀式』と『延喜式』によって平安時代初期の王権祭祀の様子、とくに時刻との関係を知ることとしたい。

この他、一〇世紀以降になると、代表的な私撰の儀式書として、源高明《みなもとのたかあきら》（九一四～八二年）著の『西宮記《さいきゅうき》』、藤原公任《きんとう》（九六六～一〇四一年）著の『北山抄《ほくざんしょう》』、大江匡房《まさふさ》（一〇四一～一一一一年）著の『江家次第《ごうけしだい》』などがあるが、逐一取り上げると叙述が煩雑になるので、必要な範囲で紹介するに留めたことを断っておきたい。

ところで、古代の地域社会の祭りは、夜が神々の示現する時間帯であったことからすれば、やはり夜間に実施されていたとみられることはすでに述べた。これは王権祭祀の場合でも例外ではない。ところが、王権祭祀の中には昼間に実施されたものもある。ここでは王権祭祀の実施時刻について主なものを中心に、『儀式』や『延喜式』などから確認することから始めたい。

祈年祭

祈年祭は予祝の祭祀で、神祇《じんぎ》令仲春条に規定があり、二月四日に神祇官斎（西）院で班幣《はんぺい》行事が行われる。祈年祭の始まりを窺わせる史料としては

『日本書紀』天武四年（六七五）正月戊辰条に「幣を諸社に祭る（幣帛《へいはく》を諸社に祭る）」、『年中行事秘抄』所引『官史記』に「天武四年二月甲申祈年祭（天武四年二月甲申日に祈年祭）」とあるが、正史上の確かな初見記事は、『続日本紀』慶雲三年（七〇六）二月庚子条の「是の日、甲斐・信濃・越中・但馬・土左等の国の一十九社、始めて祈年の幣帛例に入る。其の神名は神祇官記に具なり。（この日、甲斐・信濃・越中・但馬・土佐などの国の一九社が始めて祈年祭で幣帛を預かる例に加わった。その神名は神祇官記に詳しい）」であり、以上からしても、おそらく祈年祭は七世紀後半の律令制成立期に始まったものとみられる。班幣行事の具体的な様子は後でまとめて述べるが、祈年祭の実施時刻に関しては、『儀式』一に祈年祭の開始が卯四刻（午前六時半）とあるのが注意される。祈年祭が何時まで続くのか、終わりの時刻が史料に記されていないので、その辺が分かりにくいが、基本的には日の出前後から始まり、昼頃まで続くのではないだろうか。少なくとも祈年祭は夜の祭祀ではなかった。

　六月と一二月一一日の月次《つきなみ》祭はどちらも祈年祭と同じ形式で実施される。開始時刻としては六月の月次祭の始まりは卯一刻（午前五時）、一二月の場合は辰刻（午前七時）であった（『儀式』一）。また、毎年一一月中卯日の新嘗祭の班幣も神祇官でなされている（『延喜式』二〈四時祭式〉）が、これも祈年祭と同じ時刻であろう。これからすると、祈年祭同様、月次祭や新嘗祭《にいなめ》（班幣）も夜の祭祀とは到底認められない。

『延喜式』八（祝詞式《のりと》）には二七編の祝詞が収録されている。祝詞には慣用句があり、その一つに「朝日の豊逆《とよさか》（栄）登りに（朝日が輝き登る頃合に）」がある。朝日が登る時間帯に祝詞が読まれる、すなわち、祭祀が行われるというものである。このうち、「祈年祭」祝詞をはじめ「六月月次祭」（一二月も同じ）、「大嘗祭」（毎年の新嘗祭で用いる祝詞）には、当該の語句が含まれている。これらは、さきほど『儀式』の記載から朝から昼頃の祭祀としたもので、祝詞に「朝日の豊栄登り」が使用されていても当然であろう。

なお、伊勢神宮でも宮中と同じく祈年祭が行われた。『皇太神宮年中行事』は一二世紀末に作成され、のちに一五世紀中頃に加筆された史料であるが、そこに伊勢神宮の祈年祭は昼間の神事で、したがって火を使用しないとあるのも、祈年祭が昼の祭祀であったことの証拠といえよう。

春日祭・平野祭

春日社は八世紀はじめに藤原氏によって創建された。春日祭が実施されていたことが窺われる確実な史料としては、『類聚三代格』一、延暦二〇年（八〇一）五月一四日太政官符に春日祭などの諸祭祀を官人が闕怠《けったい》した場合、中祓《ちゅうはらえ》が科せられるとあること、『日本後紀』延暦二四年二月庚戌条に建部千継という女官が春日祭使に充てられたとあることが指摘される。春日祭は平安初期には勅使によって王権祭祀として執行されていたものとみられる。

春日祭（祭日は二月・一一月の上申日）の実施時刻を知る手がかりとして、大膳職《だいぜんしき》の官人が参列者に直会《なおらい》の御飯を賜るという儀がある。その中に「若し暗きに臨む時、上卿《しょうけい》問ひて曰く、誰ぞ、召使、姓名を称す（若し暗い時間になった時、上卿は召使に誰だと問う。召使は姓名を申し上げる）」とあった（『江家次第』五）。春日祭が始まるのは平旦（寅刻〈午前四時〉）である（『儀式』一）が、その後、奉幣・祝詞奏上と続き、春日祭の後半、直会の御飯を賜る儀になると、夕方から夜に及ぶ場合もあったらしい。それが「若し暗きに臨む時……」という次第に現れているのであろう。

同様なことは平野祭にも見出される。平野祭とは、平安京北郊の平野社を祭場として勅使によって執行された王権祭祀で、祭日は四月・一一月の上申日であった。平野社の創建は延暦年間（『類聚三代格』一、貞観一四年〈八七二〉一二月一五日太政官符）で、延暦二〇年（八〇一）五月一四日の太政官符（『類聚三代格』一）にも、先ほどの春日祭と並んで平野祭の名前があがっているので、九世紀初頭には平野祭は始まっていたとみてよい。この平野祭の次第の中に、大蔵省（丞）が蘰木綿《かずらゆう》を参列者に賜る儀がある。その際、大臣が召使を召喚し、さらに召使が大蔵省の丞を召喚するが、最初に大臣が召使を呼ぶ時に「若し日曛《くん》ならば、大臣は阿誰《たれ》と問う、召使は姓名を申す（もし日が暮れたら大臣は召使に誰だと問う。召使は姓名を申し上げる）」という式次第があった（『儀式』一）。この後、平野祭では神主の祝詞奏上の儀などを経て庭火が焚かれている。そもそも、平野祭当日は朝早い時間帯（「早旦」）の準備から始まっていた。「若し日曛ならば……」からは、平野祭の進行は夕方から夜に及ぶこともあったとみられる。

春日祭・平野祭と同様の「若し暗きに臨む時……」の儀は、大原野祭（祭日は二月上卯日と一一月子日）、梅宮祭（四月・一一月の上酉日）、吉田祭（四月中申日と一一月中酉日）——いずれも山城国内所在の神社を場として、平安期に始まる勅使派遣の王権祭祀——にもあった。詳細は省くが、いずれも朝から始まり、時には夕方から夜に及んだこともあったという例になる。かかる諸祭祀実施の基本的な時間帯は、いずれも昼間であったといえよう。

園韓神祭

平安宮の宮内省には、天皇を守護してきたという伝えのある園神《そのかみ》・韓神《からかみ》が鎮座しており、その祭祀が園韓神祭である。毎年二月の春日祭後の丑日と一一月の新嘗祭前の丑日に行われるが、『儀式』一には二月は戌一刻（午後七時）、一一月は酉三刻（午後六時）から始まるとある。また、神部《かんべ》が庭火を焚くとあること、造酒司《さけのつかさ》史《し》生《しょう》・酒部が朝神楽料として酒を出すとあることから、園韓神祭が夜の祭祀であり、しかも朝までの夜通し執行されるものであったことが窺える。

広瀬大忌祭・龍田風神祭

広瀬社（現、奈良県北葛城郡河合町川合に所在）と龍田社（現、奈良県生駒郡三郷《さんごう》町立野南に所在）に勅使が派遣されて、稲作の妨げになる風水害が起きぬよう、五穀豊穣を祈願して実施されたのが広瀬大忌《おおいみ》祭と龍田風神祭である。両祭は『日本書紀』天武四年（六七五）四月癸未条が初見で、以後恒例化する祭祀であった。後世、四月と七月の四日に祭日が決まるが、実施時刻については具体的な手がかりを欠く。しかし、『延喜式』八の「広瀬大忌祭」「龍田風神祭」祝詞にも「朝日の豊逆登りに」の語句が見えるのが留意される。「朝日の豊逆登りに」からすると、朝日が昇っていく時間帯に勅使が祝詞を神前で奏上するのであろう。

賀茂祭

賀茂祭とは、四月中酉日（あるいは下酉日）におけるカモ社の祭祀。平安初期に平安京鎮護をカモ社に祈願する目的で始まった。当日には勅使一行が内裏《だいり》を、斎王が平安京の北、紫野にあった斎院御所を出立し、両者は一条大路で合流、行列をつくって一条大路を東に進み（路頭の儀）、下社（賀茂御祖《みおや》神社）、上社（賀茂別雷《わけいかずち》神社）の順番で参拝する（社頭の儀）というもの。一条大路には大勢の見物人が出て、貴族たちが桟敷《さじき》まで設けて行列を見物したことは平安期の諸史料にもしばしば登場する。九世紀前半の儀式書、『内裏式』中には、勅使の内裏出立は巳三刻（午前一〇時）で、その日の夕方、勅使は内侍（天皇に近侍する女官）に祭祀の報告をするという規定がある。もっとも賀茂祭の進行はしばしば遅延した。『内裏式』の注によると、「或る時は明日之を申す（ある時は明日、報告をする）」というのであるから、当日の夕方には内侍への報告が終了しないこともあったらしい。『延喜式』六（斎院式）にも賀茂祭が夜に及んだ場合、山城国が松明を設けるという条文があることからも、賀茂祭は遅延が慢性化していたことが窺われるが、本来的には昼間の祭祀であったことは『内裏式』の規定からしても疑いない。

神今食・新嘗祭

六月と一二月一一日の月次祭では、その日の夜に天皇の神事があり、それを神今食《じんこんじき》という。神今食の中心的な神事として、天皇は内裏の中の神殿である中和院神嘉殿に入り、そこで神の資格で神饌《しんせん》を食する（神饌親供《しんぐ》の儀）。このようなことは毎年の一一月の新嘗祭でも行われているが、新嘗祭では畿内の官田で作られた新穀（米・粟）が用いられるのに対して、神今食では旧穀で作られた神饌が使用される。『儀式』一によると、神今食において天皇が御膳を食する時刻は亥一刻（午後九時）であり、それをもう一度繰り返すのが暁膳で、寅一刻（午前三時）であった。なお、『西宮記』恒例第二によると、暁膳の方だけ丑時（午前二時）として時刻が早まっている（『江家次第』七でも同じ）。

神今食の天皇神事は、一一月の新嘗祭の天皇神事の内容と多くの点で共通することからすれば、新嘗祭の場合も神今食と同じタイムスケジュールであったとみてよいだろう。また、『西宮記』恒例第三（裏書）には「延長二年（九二四）宣旨」が引用されて新嘗祭の夕膳が亥一剋、暁膳が丑一剋とあり、この時刻はそのまま『江家次第』一一にも継承されている。神今食・新嘗祭ともに二度目の暁膳を寅一刻（午前三時）とするか、丑一刻（午前一時）とするか、二説があったことになるが、右の「延長二年宣旨」を契機として、前者から後者へ時刻が早まったとみられよう。以上から、神今食や新嘗祭の神饌親供の儀は夜の神事であったことが認められる。

大殿祭

大殿祭《おおとのほがい》とは、天皇の御殿を祝福する祭祀で、神今食・新嘗祭・大嘗祭などの前後に実施される。ここでは、『儀式』一によって神今食の時のものをあげると、①神今食の前に内裏の中和院神嘉殿《しんかでん》で行われる大殿祭は、戌一刻（午後七時）から始まる、②神今食が終わり、天皇が内裏の中の「本宮」に帰った後、①と同じ神嘉殿で大殿祭を行うのが卯一刻（午前五時）、③仁寿殿《じじゅでん》（紫宸殿の北にあり、九世紀代は天皇の常の御所であった）で、忌部《いんべ》が建物の四隅に玉をかけ、御巫《みかんなぎ》という神祇官の巫女《みこ》が米・酒・切木綿《きりゆう》を四方にまき、忌部が東南に向かって祝詞を読む。③と同じ内容のことを①②でも行なったものであろう。③の実施時刻は『儀式』には書かれていないが、『延喜式』一三（中宮式）では「平旦（寅刻〈午前四時〉）」とあった。神今食に関係する大殿祭は時刻順からすると、①③②の順でなされていたことになり、三者とも基本的にはいずれも夜の祭祀であったといえよう。

鎮火祭・道饗祭

鎮火祭は、六・一二月の晦日、卜部が宮城四隅で火を鑽《き》って、火災の発生を防ぐために祭る（『令義解』）というもの。具体的な時刻は不明であるが、火を鑽るというのであるから、やはり夜の神事とみるのがふさわしい。道饗祭《みちあえ》の方は、鎮火祭と同日という説と吉日を選ぶという説があるが、京の四隅で供物を外から来る「鬼魅《きび》」に供える祭祀である（『令義解』）。「鬼魅」の実態は不明であるが、鬼などの異類のものが出現するのは夕方から夜のことであった。したがって、道饗祭も夕方から夜の祭祀であろう。

鎮　魂　祭

鎮魂祭とは天皇の魂を振い起こし守護する祭祀。一一月中寅日、宮内省で行われた。『儀式』五によると、御巫が宇気槽《うけふね》を伏せてその上に立ち、槽を桙《ほこ》でつく間に神祇伯が木綿を結ぶ。『北山抄』二では、女蔵人《にょくろうど》が天皇の御服の入った箱を開いて振動せしめる。それは皇后の御服の箱に対してもなされるとある。

鎮魂祭の時刻に関しては、『儀式』によると、まず大臣以下が宮内省内の座に着くのが酉二点（午後五時半）、『延喜式』二（四時祭式下）では、その前の晡時（午後四時）に神祇官人が宮内省に参集するとある。その後、『延喜式』一三（中宮式）によると、戌刻（午後八時）、皇后の御服をもった史生と召継舎人《めしつぎのとねり》が内裏東側の宣陽門《せんよう》に至ると、「乗輿の御服の案（天皇の御服を載せた八足机）」とともに宮内省に向かうとある。宣陽門を戌刻に通過するであるから、鎮魂祭が宮内省で始まるのはその後ということになる。『延喜式』三六（主殿式《とのもり》）の規定では、主殿寮が鎮魂祭に際して燈明皿や油などを準備することになっている。これは照明用であろう。この点からしても、鎮魂祭も夜の祭祀であった。

大　嘗　祭

大嘗祭とは、毎年行われる新嘗祭に対して、天皇即位後のみ畿外諸国の服属儀礼として行う。一一月の卯日から四日間が中心的行事で、卯日が一一月に二回ある時は下卯日、三回ある時は中卯日が祭日になる。大嘗祭の前に、朝堂院（大極殿前庭）に悠紀《ゆき》・主基《すき》殿（仮の御殿）を東西に並べて造営し、大嘗祭が終わると直ちに取り壊す。天皇は卯日の深夜、悠紀・主基殿に入って神饌を二度食する。その稲は卜定された畿外の二ヵ国（悠紀国・主基国）で作られたもので、服属儀礼の一環で大嘗祭日にあわせて都に運ばれ、神饌が準備される。天皇が悠紀殿に出御するのは亥一刻（午後九時）、主基殿へは寅一刻（午前三時）という（『儀式』三）のであるから、日にちや場所は異なるものの、時刻の上では神今食・新嘗祭の神饌親供の儀と同じであった。

大嘗祭の四日間で夜の神事は卯日夜だけで、後の行事を見ると、すべて朝から昼間の時刻で実施されている。まず、卯日の班幣は「平明」から始まる（『儀式』三）。以下、『延喜式』七（大嘗祭式）から、それぞれの行事の開始時刻を中心に見ると、卯日の巳時（午前一〇時）、悠紀・主基両国の供物が北野の斎場を出発して大嘗宮に向かう。辰日は、辰二点（午前七時半）から天皇は豊楽院《ぶらくいん》の悠紀帳に御す。中臣が天神寿詞《あまつかみのよごと》を奏上、忌部が神璽《じ》の鏡剣を奉り、弁官の五位が両斎国の供御と多明物《ためつもの》（天皇から臣下への賜り物）の色目を奏上する。巳一点（午前九時）に悠紀国は天皇に御膳を薦め、饗《あえ》を五位以上に給わり、悠紀国司は歌人を率い国風《くにぶり》を奏上する。未二点（午後一時半）に天皇は主基帳に遷御し、悠紀の儀と同じことを繰り返す。巳日の儀は辰日とほぼ同じ。次の午日では、卯一点（午前五時）に悠紀・主基帳が撤去され、辰二点（午前七時半）に天皇は豊楽殿の高御座《たかみくら》に御す。巳二点（午前九時半）の所司が御膳を薦める儀を経て、久米舞と吉志《きし》舞が、申一点（午後三時）からは大歌《おおうた》と五節舞《ごせちのまい》がそれぞれ奏され、申三点（午後四時）に解斎舞《げさい》の奏上となる。これからすると、いずれも時刻からして昼間の実施であることは間違いない。

以上の儀のうち、とくに辰・巳日の儀の基本は悠紀・主基両国の服属儀礼であった（後述）が、悠紀・主基国（郡）が律令制的国郡制に対応して定められていることからすれば、その成立は七世紀後半の律令制成立期とみられる（岡田精司「大王就任儀礼の原形とその展開（補訂）」）。

八十島祭

八十島祭《やそしま》は大嘗祭の翌年、天皇の御衣をもって難波に下向した女官によって行われた祭祀。八十島祭の初見史料は、『文徳実録《もんとくじつろく》』嘉祥三年（八五〇）九月壬午条で、宮主《みやじ》正六位下占部雄貞らを遣して「摂津国に向かひ八十島を祭らしむ（摂津国に向かわせて八十島を祭らせた）」とある。しかし、八十島祭が九世紀中頃に始まったというわけではなく、その本来の形については、大王自身が大坂湾岸に出向き、西方、国生み神話と関係の深い淡路島を見て、大八洲《おおやしま》之霊を大王に付着せしめるというもので、五世紀以来の王権祭祀といわれている（岡田精司「八十島祭の機能と本質」）。八十島祭についての詳しい規定が載る『江家次第』一五によると、「祭に至つては昼時を用ふる（祭を行うに当たっては昼時を利用する）」とある。国見を行う以上、当然のことながら八十島祭は昼間の祭祀であった。

伊勢神宮の祭祀

伊勢神宮は内宮に天皇の守護神アマテラスを祭るだけに、神宮の祭祀は宮中の王権祭祀と同じ形で実施されるのが原則である。伊勢神宮の神嘗祭《かんなめ》（九月）、月次祭（六・一二月）を三節祭《さんせつ》といい、神宮では最も重要な神事であった。延暦二三年（八〇四）に伊勢神宮から神祇官に撰進された『皇太神宮儀式帳』（内宮の起源、組織、祭祀などをまとめた書）と『止由気宮儀式帳《とゆけのみや》』（外宮の起源、組織、祭祀などをまとめた書）からすると、三節祭では、いずれも由貴大御饌《ゆきのおおみけ》（夕大御饌と朝大御饌の二度）という食事を大物忌《おおものいみ》と呼ばれた童女と介添え役の大物忌父などによって供えるが、その場所は外宮、内宮の正殿の床下で、床下の中心に位置した心《しん》の御柱の前であった。実施の時刻をみると、外宮では三節祭すべて一五日の亥時（午後一〇時）と丑時（午前二時）、内宮では神嘗祭が一六日の亥時から丑時まで、月次祭では朝大御饌が一七日の平旦（寅刻・午前四時）とあるので、三節祭の中心も夜の神事であった。

伊勢神宮の月次祭では、『延喜式』四（大神宮式）に、由貴大御饌儀の翌日の六月一六日、平旦に斎内親王が外宮に到着、斎内親王が太玉串《ふとたまぐし》を奉納した後、勅使と宮司が順に祝詞を奏上する。それを一七日に内宮で同じスケジュールのもとで繰り返すとある。伊勢神宮に斎内親王（斎王）の奉仕が恒常化していくのは、七世紀後半以降であるから、その頃には同儀も定着していたものとみられる。

ところが、『皇太神宮儀式帳』では、三節祭の斎内親王の内宮参拝を一七日の午時（午前一二時）とする。三節祭の斎内親王参拝儀そのものには内宮でも外宮でも大差はないが、参入時刻だけが、内宮の午時に対して、外宮が平旦とあるので、両者は大幅に異なることになる。これについては、斎内親王の太玉串奉納後、宮司が奏上する伊勢神宮「六月月次祭」祝詞（内宮で宮司が奏上するもの）と「同神嘗祭」（同じく内宮で宮司が奏上するもの）が手がかりになる。両祝詞には「朝日の豊栄登りに」とあるから、祈年祭などの例からも、やはり平旦以後の朝日の昇る頃合に斎内親王参拝や宮司の祝詞奏上がなされたことが考えられる。とすれば、『皇太神宮儀式帳』の午時という時刻は不自然という他ない。これについては、『延喜式』以後に斎内親王の参拝時刻が遅れていったという状況があり、その段階での午刻という時刻が『皇太神宮儀式帳』本文に紛れ込んだとみるのが妥当であろう（本澤雅史「『朝日の豊栄登に』考」）。斎内親王の参拝、宮司の祝詞奏上の時刻が当初から変更になっても、祝詞の「朝日豊栄登りに」は変わることなく、使用され続けたものとみられる。

二〇年に一度の定期造替（遷宮《せんぐう》）は神嘗祭の日に合わせて行われた。『止由気宮儀式帳』によると、遷宮の儀が終了した後、由貴大御饌儀がある。遷御する時は、禰宜《ねぎ》がまず外宮《げくう》（新宮）の正殿の四隅に「燈油（灯りを付ける）」とあり、その後、ご神体が移動するが、旧宮の扉を開けて灯りをつけ、ご神体を納める御船代《みふなしろ》を開くことになっている。内宮の場合も同様で、一六日の亥時（午後一〇時）に始まること、新旧の正殿の中に「燈油」とあること（『皇太神宮儀式帳』）から、やはり夜の行事であった。

昼と夜の王権祭祀

以上、古代の主な王権祭祀の実施時刻について概観してきた。その結果、王権祭祀には昼と夜の実施を基準とすると、二型あったことになり、それをまとめると、以下の通りである。

(1)　古代の王権祭祀の中でも、園韓神祭、神今食・新嘗祭・大嘗祭の天皇神事（神饌親供の儀）、大殿祭、鎮火祭、道饗祭、鎮魂祭、伊勢神宮の三節祭（由貴大御饌儀）などは夜に実施される祭祀であった。

(2)　しかし、その一方で、朝から昼間の時刻に実施されたものもあった。五世紀に遡る八十島祭を別とすれば、祈年祭・月次祭・新嘗祭・大嘗祭の班幣行事で、いずれも律令制成立期に成立した祭祀、それに律令制下の国郡制支配に対応する大嘗祭の悠紀・

主基国の服属儀礼、七世紀後半には成立していたはずの伊勢神宮への斎内親王参拝の儀、さらには天武四年（六七五）に始まる広瀬大忌祭・龍田風神祭、奈良・平安時代以降成立の春日祭・賀茂祭・平野祭などである。

(3)　かかる王権祭祀については、そのすべてではないが、『儀式』『延喜式』などに各祭祀の具体的な時刻が規定されている。それによると、朝・昼・夕・夜という区分に基づくものではなかったことに気付かされる。ここに王権祭祀の特質が窺えるのではないか。また、昼間の時刻に王権祭祀を実施するという点から昼とは何かが見通せるものと思う。

このうち、(1)については、神祭りは夜という原則に合致するものであり、これ以上言及する必要はないはずであるが、次節「古代時刻制の展開」では(2)(3)につき検討を加えていきたいと思う。

古代時刻制の展開

遣隋使

七世紀に入ると、朝廷では中国的な朝政が始まり、それとほぼ並行して時刻制が導入された。その契機は開皇二〇年（六〇〇）年の第一回目の遣隋使であったとみられる。『隋書《ずいしょ》』東夷伝倭国条によると、隋の高祖文帝が遣隋使に倭国の風俗を尋ねたのに対して、「使者言ふ『倭王は天を以て兄と為し、日を以て弟と為す。天未だ明けざる時、出て政を聴き、跏趺《かふ》して坐し、日出づれば便《すなわ》ち理務を停め、云ふ我が弟に委ねむ』と。高祖曰く『此れ太いに義理無し』と。是に於いて訓《おし》へて之を改めしむ（使者は「倭王は天を兄とし、日を弟としている。天が明けない時に王宮に出てあぐらをかいて座り、日が昇ってくると政治をやめ、後は弟〈日〉にまかせる」と言った。高祖は「まったく道理にかなっていない」と言って、夜明け前の政治を改めさせた)」。遣隋使と文帝のやりとりにははっきりしないところがあるが、倭王の政治は、それまで日の出前の薄暮の時間帯に行われていたらしい。文帝はそれを中国風の朝政に改めるように提言したということになる。これにより、倭国でも朝政が始まるとみられ、実際に七世紀以降、『日本書紀』には朝政や時刻制の導入を思わせる記事が見出される。

朝政・時刻制の導入

まず、朝政・時刻制の関係史料をあげておこう。

①　八に曰はく、群卿百寮《まえつきみたちつかさつかさ》、早く朝りて晏《おそ》く退でよ。
(推古一二年〈六〇四〉四月戊辰条)

(八にいう、群卿と百寮は早く出勤して、遅く退出せよ)

②　大派王《おおまたのおおきみ》、豊浦大臣《とゆらのおおおみ》に謂りて曰はく、「群卿及び百寮、朝参すること已に懈《おこた》れり。今より以後、卯の始に朝りて、巳の後に退でむ。因りて鐘を以て節とせよ」といふ。然るに大臣従はず。
(舒明八年〈六三六〉七月己酉朔条)

(大派王が豊浦大臣〈蘇我蝦夷《そがのえみし》〉に語って「群卿と百寮は朝参することをすっかり怠っている。今後は卯の時〈午前六時〉の始めに朝参し、巳の時〈午前一〇時〉の後に退朝させよ。それを鐘で知らせることを規則とせよ」と言った。しかしながら、大臣は従わなかった)

③　天皇、小郡宮《おごおりのみや》に処して、礼法を定めたまふ。其の制に曰はく、「凡そ位有ちあらむ者は、要ず寅の時に、南門の外に、左右羅列りて、日の初めて出づるときを候ひて、庭に就きて再拝みて、乃ち庁に侍れ。若し晩《おそ》く参む者は、入りて侍ること得ざれ。午の時に到るに臨みて、鐘を聴きて罷れ。其の鐘撃かむ吏は、赤の巾《ちきり》を前に垂れよ。其の鐘の台は、中庭に起てよ」といふ。（大化三年〈六四七〉是歳条）

（孝徳天皇は小郡宮に滞在して、礼法を定められた。その制には「凡そ、位があるものは必ず寅の時〈午前四時〉に南門の外に左右に羅列し、日の出の時を待って朝庭に進んで天皇を再拝して、庁舎に出仕せよ。もし遅れてきたものは、朝庭に入って出仕することができない。午の時〈午前一二時〉に到ったら、鐘の音を聴いて退出せよ。その鐘をつく官吏は赤い頭巾を前に垂らせ。その鐘の台は中庭にたてよ」という）

④　又、皇太子、初めて漏剋《ろうこく》を造る。民をして時を知らしむ。（斉明六年〈六六〇〉五月是月条）

（また、皇太子〈中大兄〉は始めて漏刻を作り、人々に時を知らせた）

⑤　漏剋を新しき台に置く。始めて候時《とき》を打つ。鐘鼓を動す。始めて漏剋を用ゐる。此の漏剋は、天皇の、皇太子に為す時に、始めて親ら製造れる所なりと、云云。

（天智一〇年〈六七一〉四月辛卯条）

（漏刻を〈大津宮の〉新しい台に置き、始めて時を打った。鐘・鼓を打ち鳴らして、始めて漏刻を用いた。この漏刻は天皇が皇太子であった時に、始めて自ら製造したものである、云々）

①は、一七条憲法の第八条で、官人に対して早朝出勤と遅く退出することを命じている。具体的な時刻が書かれていないのは、時刻制制定以前の規定だからであろう。②は、大派王が蘇我蝦夷（?〜六四五年）に向かって朝参の時刻を定め、それを鐘で知らせるようにと提言するが、蝦夷は従わなかったとある。ここに初めて朝参時刻の記述が出てくるが、蝦夷はそれに従わなかったというのであるから、大派王の提言にどこまで実効性があったか分からない。③は、難波の小郡宮で礼法を定めたという記事で、位があるものは寅時（午前四時）に、南門の外に並び、日の出とともに朝庭に入って天皇を再拝し、朝堂で政治を行い、午時（午前一二時）には終えるというもの。このような日の出とともに官人が朝庭に入り、昼頃に退出するというパターンは、律令制下にも継承されている。

宮衛令《くえいりよう》開閉門条によると、「凡そ門開き閉《た》てむことは、第一の開門鼓撃ち訖《おわ》りなば、即ち諸門開け。第二の開門鼓撃ち訖りなば、即ち大門開けよ。退朝の鼓撃ち訖りなば、即ち大門閉てよ。……京城門は、暁の鼓の声動かば開けよ。……（凡そ、門の開閉に当たっては、第一開門鼓〈暁鼓〉を撃って諸門〈宮城門・宮門・閤《こう》門〉を開け。第二の開門鼓を撃って大門〈朝堂南門・大極殿《だいごくでん》閤門〉を開け。……京城門〈羅城《らじょう》門〉は暁鼓によって開けよ）」とあり、『令集解』の「古記」説では、第一・第二開門鼓の時刻は、それぞれ「寅一点（午前三時）」と「卯四点（午前六時半）」とあった。『延喜式』一六（陰陽《おんみょう》式）によると、季節による日の出時刻の違いに応じて、一年を四〇の時期に区分して、大門を開け、貴族や役人が朝堂南門から朝庭に入ってくるのが日の出後約四五分後、退庁鼓（大門を閉じる）はその三時間半から四時間後に撃つことになっていた（岸俊男「朝堂の初歩的考察」）。③の官人の出勤を日の出から午時とするのは、『延喜式』の先駆となる制であったといえよう。ただし、③で退朝鐘のことが記されているものの、登朝鐘が定められていないのは、朝政時刻制としては不十分であったといわざるを得ない。

時刻制の本格的導入に関しては④⑤が手がかりになる。②③でも登庁・退庁の時刻は定められているが、その時刻の計測はもっぱら日時計によっていたらしい。しかし、日時計は夜間に通用しないし、雨天や曇天の時も利用できないという欠点があった。③で寅刻の登朝鼓が出てこないのは、日の出前の寅刻は日時計で計測できなかったからとみられる。

そうした日時計の欠点を克服したのが、中大兄皇子《なかのおおえのおうじ》（六二六～七一年）の製作と伝えている漏刻の設置である。一九八一年には奈良県高市郡明日香村の水落《みずおち》遺跡で漏刻台の遺構が発掘されたことで、④の記事の信憑性が確認され、それは⑤の大津宮遷都に際して、大津宮にも運ばれたものとみられている。漏刻とは、容器に入れた水を流出させて水位の変化をもとに時刻を測る機器である。一つの容器だけで水位の変化を測ると水流（水位）が一定しないので、複数の容器をならべて水の流れを一定化しようとした（四段式漏壺）。これは昼・夜、天候に左右されない時計であった（今泉隆雄「飛鳥の漏刻臺と時刻制の成立」）。

漏刻の起源は中国にあり、中国では天子が暦を定め、時刻を告げることは天子としての大事な責務であった。それはまさに天子の支配が空間だけではなく、時間にも及んでいたことを意味する。日本の古代の場合も同様であろう。しかも、時刻制が定まることで、官人の出勤時刻なども決まり、漏刻は官僚制の整備にとっても不可欠であった。

鼓・鐘による時刻の報知

律令制下の一日の時刻は、一二辰刻《しんこく》（一辰刻は現在の二時間）、一辰刻は四刻（一刻は三〇分）とする定時法であった。定時法とは、季節によって日の出・日の入りの時刻が変動するに伴って時刻が異なる不定時法とは異なって、季節とは無関係に機械的に定められた時刻制である。辰刻は一二支を使って

図10　漏刻（水時計）の復原模型
（奈良文化財研究所提供）

子刻、午刻（奈良時代までは時とする）などと表わし、刻は数字で一〜四刻（奈良時代までは点とするのが一般的）とする。時刻は漏刻台の鼓・鐘をもって報知する。鼓の数で辰刻を、鐘は刻数だけを撃って時刻を知らせる。鼓は子刻・午刻が九打で、以下辰刻が進むにつれ、一打ずつ減り、巳刻・亥刻が四打になる。

水落遺跡では、発掘を担当した奈良国立文化財研究所（現、奈良文化財研究所）がNHKの協力で鐘をつく実験をしたことがあった。鐘は高さ一メートルの小形のものであったが、その音は南北二キロほどの明日香の盆地ではどこでもよく聞こえたという（狩野久・木下正史『飛鳥藤原の都』）。『延喜式』一六（陰陽式）によると、漏刻の鐘を撞《つ》くのは松の木で、「周り三尺、長さ一丈六尺（周囲が九〇センチ、長さが四・八メートル）」というのであるから、かなりの大鐘であったと推定される。平安初期に、漏刻修理の際、兵庫寮の太鼓一面が陰陽寮に貸与されたという史料がある（『三代実録』貞観八年〈八六六〉四月庚子条）。軍事作戦を伝達するための兵庫寮の太鼓と同様、時刻報知の太鼓もかなり大きな音を出していたのであろう。

『日本書紀』天武一三年（六八四）一〇月壬辰条には、大地震の記事の後に「是の夕に、鳴る声《おと》有りて鼓の如くありて、東方に聞ゆ。人有りて曰はく、『伊豆嶋の西北、二面《ふたつのおもて》、自然に増益せること、三百余丈。更《また》一の嶋と為れり。則ち鼓の音の如くあるは、神の是の嶋を造る響きなり』といふ（この日の夕方に鼓のような音が東方に聞こえた。ある人が「伊豆島の西と北の二面が自然に三〇〇丈余り広がって、さらに一島ができた。鼓のような音は、神がこの島を造る時の響きだった」と言った）」とある。伊豆（大島か）の噴火の音が遠く離れた都でも聞こえたというのは、静寂な音環境であれば十分可能であるという（中川真『平安京音の宇宙』）。桜島の爆発音も平城京で聞こえたという記録が『続日本紀』天平宝字八年（七六四）一二月是月条にある。

一方、鐘の音も特別な音であった。中世では誓約の鐘として、一揆の際の一味神水《いちみしんすい》の場で鐘が打ち鳴らされていたことが知られている。おそらくは神仏を現場に迎える神おろしの機能をもっていたのであろう（峰岸純夫「誓約の鐘」）。そもそも金属器は、いったん打たれると、打ち手の意図と関係なく、そのまま鳴り続けるという特徴（余韻）があった。人間の制御を超えて鳴り続ける音に、人々が特別な心性を懐いたとしても不思議ではあるまい（中川真『平安京　音の宇宙』）。『今昔』三一―一九（「愛宕寺《おたぎでら》の鐘の語」）は、小野篁《たかむら》（八〇二～五二年）が建立した愛宕寺（現、京都市東山区小松町の六道珍皇寺《ろくどうちんのうじ》）の鐘を造った鋳物師《いもじ》が、鐘を土中に埋め「此ノ鐘ヲバ、撞《つ》ク人モ無クテ、十二時ニ鳴サムト為ル也（この鐘はつく人がいなくとも、一二の時毎に鳴るように造ってある）」ので、三年後に掘り出して鳴らすようにといったにもかかわらず、寺の別当は、待ちきれず期日前に鐘を掘り出したため、結局、普通の鐘で終わったという話。鐘をつく人もいないのに、一二の時ごとに鳴るという、鐘の不思議が語られている。

『霊異記《りょういき》』中―七（「智者の変化の聖人を誹《そし》り妬《ねた》みて、現に閻羅《えんら》の闕《みかど》に至り、地獄の苦を受けし縁」）は、行基を誹謗《ひぼう》したため地獄に落ちた智光の話であるが、智光は阿鼻地獄で「鐘を打つ音を聞く時のみ、冷《さ》めて乃ち憩《いこ》ふ（鐘の音が聞こえた時だけは、地獄の熱気も冷め、安らぎを得ることができた）」とある。この鐘の音は、現世で智光の弟子が智光の供養を行うために鳴らしたものとみられている。とすれば寺の鐘の音は地獄にまで届く特別なものと観念されていたことになる。

『万葉集』一一―二六四一には「時守が　打ち鳴す鼓　数《よ》みみれば　時にはなりぬ　逢はなくも怪し（時守が打ち鳴らす太鼓を数えてみると、約束の時刻になった。それなのに逢いにこないのはおかしい）」とあり、男女の恋愛も陰陽寮の時刻によっていたことが窺われる。このように鼓・鐘の新しい音の響きが、天皇・貴族の政務から人々の暮らしまでを律していくことになるのであろう。

昼間の王権祭祀

以上のことをもとに、昼間の王権祭祀《さいし》が成立したことが説明できるように思う。すなわち、五世紀に成立が遡る八十島《やそしま》祭を別とすれば、昼間の王権祭祀は律令制成立期以降に多くの例を見出すことができる。これは七世紀以降、薄暮の時間帯の大王の政治から、日の出後の政治への展開と対応するものであったといえよう。その中でも昼間の祭祀の典型とでもいうべき祈年祭（班幣《はんぺい》）についていえば、神祇令季冬条に「……其れ祈年・月次《つきなみ》の祭には、百官神祇官に集れ。中臣、祝詞を宣《の》れ、忌部《いんべ》、幣帛《へいはく》を班《わか》て（祈年・月次祭には、百官は神祇官に参集せよ。そこでは中臣が祝詞を読み、忌部が幣帛を班て）」とあるように「百官」の参集が規定されている。『儀式』一によると、祈年祭では神祇官斎院に大臣以下が参集。その中で諸国の官社（式内社では三一三二座）の祝《はふり》部《べ》が神祇官の庭に集められ、中臣が祝詞を読み、忌部が幣帛を祝部に班つ。幣帛の量は神社の格にしたがって、案上官幣（三〇四座）—案下官幣（四三三座）—国幣（二三九五座）にランク付けされ、さらに伊勢神宮だけには別途、勅使が派遣されて奉幣がなされる。このうち、国幣は、もともと神祇官で祝部に授けられていたのが、延暦一七年（七九八）に祝部の上京が困難なため、諸国で幣帛が班たれたことから始まったものであり（『類聚国史』一〇、延暦一七年九月癸丑条）、また、官社（式内社）の数は時代とともに増えていったわけで、律令制成立期にはじめから三一三二座がそろっていたわけではない。しかし、いずれにしても、このような班幣行事は大臣以下や諸国の祝部の目の前で行われた点は重要である。これは伊勢神宮を頂点とする国家的な神々の秩序を人々に公開することに他ならない。とすればそれは日の出以後の明るい時刻がふさわしかったといわざるを得ない。この祈年祭のあり様は、月次祭・新嘗祭・大嘗祭の班幣行事（いずれも案上官幣のみが対象）についても、同じことがあてはまる。古代律令国家が再編した神々の秩序は夜に公開するものではなかったのであろう。

大嘗《だいじよう》祭の卯日から巳日に昼間の行事が多いことは悠紀《ゆき》・主基《すき》国の服属儀礼に由来する。とくに卯日に両国の供物が北野から朱雀大路を北上して大嘗宮まで向かうが、その行列は悠紀・主基国合わせて五〇〇〇人もの大行列であったことが知られ、両国の服属の証であった。辰日から巳日の饗宴も悠紀・主基国から出された食事を天皇と五位以上という支配者集団がいっしょに食べるというものであり、芸能の披露も両国の服属儀礼として構成されていた（岡田精司「大嘗祭の神事と饗宴」）。このような政治的な服属儀礼も、やはり暗い夜ではなく、昼間の時刻に人々に公開される性格のものであったろう。

もっとも、大嘗祭の卯日の夜、天皇が悠紀殿に入る際、吉野国栖《くず》・楢笛工《ならのふえふき》の古詞奏上、悠紀・主基国の歌人による国風奏上、語部による古詞奏上、隼人による吠声《はいせい》（犬の鳴きまね）の儀がある（『延喜式』七〈大嘗祭式〉）。これらも服属儀礼であることには変わりはない。しかし、昼間の儀と相違して、上記の儀がすべて音声によるものであったことは留意さるべきであろう。かかる音声が天皇の耳に届いていたかどうかは分からないが、夜には視覚以外の感性が重視されるというのは、この場合にも当てはまる。

伊勢神宮の三節祭（斎内親王参拝儀）、広瀬大忌祭、龍田風神祭、春日祭、賀茂祭、平野祭などの諸祭祀が昼間に行われたことも、これまでと同様の理由が想定できる。いずれも勅使が各社に派遣され、神前での奉幣や祝詞奏上の儀が行われているからである。王権祭祀として執行された右の諸祭祀も、やはり天皇と神々との関係を明確にすべく朝から昼間の神事として実施されたものとみられるのである。

また、賀茂祭の一条大路での路頭の儀には多くの見物人がつめかけたことは前述の通りである。たとえば、『中右記《ちゆうゆうき》』嘉承二年（一一〇七）四月癸酉条には「典侍、命婦《みようぶ》、蔵人等の車は見えず。暗きに臨むに依る也（典侍・命婦・蔵人などの牛車は見えない。暗くなったためである）」とあった。見物人が行列を見るという点からして、本来、賀茂祭の路頭の儀も昼間に実施されるのがふさわしい。

図11　賀茂祭行列と見物人（『年中行事絵巻』巻16）

昼と時刻

ここまで論じてきて昼間の王権祭祀とは何か、昼間とは何かが指摘できるようになったと思う。七世紀以降に成立した王権祭祀は、朝政の開始や漏刻使用の影響下に行われるものであった。とくに昼間の祭祀は天皇の支配秩序を公開するのにふさわしい性格をもっていたといえる。明るい昼間とは、まさにそのような秩序が重視される時間帯で、その点で、鬼や神といった異類が活動する、人間の秩序外の夜とは区別されねばならない。このような昼間の位置づけは、「昼の日常生活（文化）は秩序や論理が重視され、ものごとをきちんと分類して秩序を維持する」という指摘（飯島吉晴「祭りと夜」）や、「昼という必然性が支配し、すべてのものや人がしかるべき位置と役割の中におさまり、人々が安心できる時間」という見解（野沢謙治「夜の民俗」）とも一致する。

もちろん、王権祭祀とはいえ、すべてが昼間の祭祀ではなく、夜の祭祀もあったが、政治的な服属儀礼の局面は原則的に夜間に実施されていたわけではなかった。先述したが、延暦一七年（七九八）一〇月四日の太政官符によると、国家は秩序の乱れを理由に京畿内の民間の夜祭りを禁止し、昼間の祭りに転換させようとしていたという経緯があった（『類聚三代格』一二）。これが容易に成功しなかったであろうことはすでに述べた通りで、昼間の祭りは地域社会にまで容易に浸透しなかったといえよう（本書五七〜五八頁）。

また、時刻制との関連でいえば、神今食・大嘗祭など、夜の天皇神事においても儀式書に時刻を記載されていたことが改めて注目される。夜の時刻は日時計ではなく、漏刻によって計測されていたとしか考えられない。これは夜の祭祀だけに限ったことではなく、祈年祭など昼間の祭祀にも時刻が定着している。漏刻による時刻の計測によって、時刻をもとに実施される王権祭祀が登場してきたといえよう。時刻制の導入は祈年祭などのように「百官」の参集も可能にさせたはずである。

漏刻の普及

ところで、漏刻は、中央の陰陽寮を除けば、宝亀五年（七七四）一一月一〇日に大宰府《だざいふ》にならって陸奥国《むつ》に置かれた。この時、陸奥国に置かれた理由としては、不意の事変に対して、都に危急を知らせる場合、正確を期すため、時刻を報告することにあった（『続日本紀』）。これからすれば、大宰府には宝亀五年以前に漏刻が設置されていたことになる。この後、貞観一三年（八七一）八月二三日に出羽国に置かれ（『三代実録』）、さらに元慶六年（八八二）九月二九日以前に陸奥鎮守府胆沢城《いざわ》（現、岩手県奥州市水沢区）に置かれたことが『類聚三代格』五、元慶六年九月二九日太政官符から知られる。また、『延喜式』二二（民部式上）、同二三（民式部下）には、大宰府と陸奥国に漏刻の守辰丁《しゅしんちょう》（漏刻を観察し、鐘鼓を打つ役人）が六人ずつ置かれたとある。以上からすれば、漏刻が設置されていたのは、外敵の襲来が予想される辺境の国に限られていたことになる。逆にいえば、それ以外の諸国・郡には漏刻は置かれていなかったはずである。

国・郡と時刻

諸国が中央政府に報告したものの中にも時刻の記載は見られる。『続日本紀』天応元年（七八一）三月乙酉条に「美作《みまさか》国言さく、『今月十二日の未の三点に苫田《とまた》郡の兵庫鳴り動きき。また四点に鳴り動くこと先の如し。その響き、雷霆《らいてい》の漸《ようや》く動くが如し』とまうす。伊勢国言さく、『今月十六日の午の時、鈴鹿《すずか》関の西中城の門の大鼓、自ら鳴ること三声あり』とまうす（美作国が言上するに、『今月一二日の未三点〈午後二時〉に苫田郡の兵庫が鳴動した。また、四点〈午後二時半〉に同じように鳴動した。その響きは雷が暫くの間、鳴り動いていたのと同じである』と。伊勢国が言上するに、『今月十六日の午時〈午前一二時〉に、鈴鹿関の西中城門の大鼓が自ら鳴ること三度あった』と)」とあるのも、漏刻による定時法に基づく時刻ではなく、日時計か香時計《こう》(香をたき、その燃え方で時刻を知るというもの)による不定時法による時刻記載とみるべきであろう。右の記事にあがっているのが、「未の三点」、「四点」、「午の時」といずれも昼間の時刻であったことも、その一証といえよう。

郡レベルでの時刻とその計測法については手がかりが乏しいが、時刻を記した木簡が二例知られている。すなわち、長野県更埴《こうしょく》市の屋代《やしろ》遺跡群から「主帳」が「十七日卯時(午前六時)」に発行したとみられる木簡(七一号)と、氷上郡家関連施設とみられる兵庫県氷上町の市辺遺跡から、国司が氷上郡を巡行した際に病に倒れ、その病状をみるために浄名という人物が使者を「六月五日卯時□」に派遣したという内容の木簡(四号)で、どちらも奈良時代前半のものであった(平川南「郡家関連施設と木簡」)。かかる木簡に見える時刻もやはり漏刻による計測とは考えがたく、郡家の時刻は日時計か香時計によるものと解する他あるまい。

石川県津幡《つばた》町加茂遺跡から出土した「加賀郡牓示札《ぼうじさつ》」(お触れ書き)は、嘉祥年間(八四八〜五一年)のもので、その中に時刻を記した一条がある。すなわち、「一つ、田夫、朝は

寅の時を以て田に下り、夕は戌の時を以て私に還るの状（一つ、農民は朝は寅時〈午前四時〉に田に下り、夕方は戌時〈午後八時〉に自分の家に帰るよう）」とあった。しかし、漏刻が設置された国が辺境地域に限られていたことからも、これによって時刻制度が地域社会にまで浸透していたとは考えにくいところであろう。「牓示札」の内容が郡の下級役人である田領たちによって「口示（口頭で伝える）」された際には、「寅の時」から「戌の時」までは日の出から日没までと人々に伝えられたものとみられる（川崎晃「万葉びとと時刻」）。

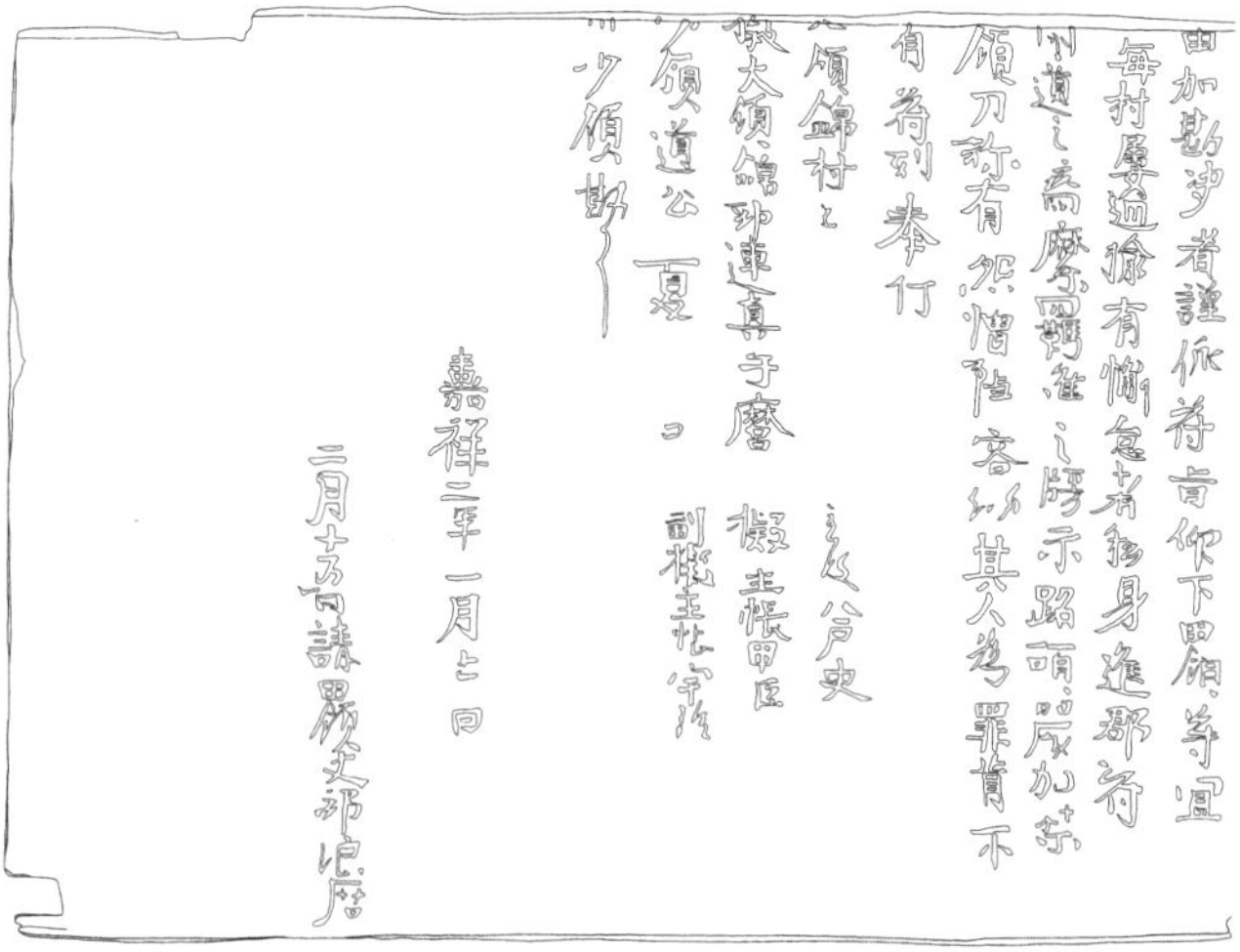

図12　「加賀郡牓示札」正面実測図（石川県埋蔵文化財センター保管）

地方寺院と時刻

事情は地方寺院の場合も同様であろう。『霊異記』を手がかりにすると、中—一三（「愛欲を生じて吉祥《きつしよう》天女の像に恋ひ、感応《かんのう》して奇《あや》しき表を示しし縁」）では和泉国泉郡の血渟《ちぬ》山寺で信濃国の優婆塞《うばそく》が「六時」に勤行《ごんぎよう》していたこと、下—一（「法花経《ほけきよう》を憶持《おくじ》せし者の舌、曝《さ》りたる髑髏《どくろ》の中に著きて朽ちずありし縁」）に吉野の金の峯で一人の禅師が「六時」に勤行していたこと、下—三〇（「沙門《しやもん》の功を積みて仏像を作り、命終《みようじゆ》の時に臨みて、異《めずら》しき表《しるし》を示しし縁」）では紀伊国那賀郡の弥勒《みろく》寺の僧観規が「申時（午後四時）」に死亡したとあること、下―一七（「未だ作り畢《お》へぬ捻《ねん》攝《しょう》の像の呻《によ》ふ音《こえ》を生じて、奇《くす》しき表を示し縁」）では同じく那賀郡の弥気山室堂には「鐘堂」があったことなどが知られる。かかる説話からすれば、「六時」の時刻の計測と鐘による報知が地方の寺・堂などでも行われていたことは確実である。ただし、その場合でも、計測はやはり日時計か香時計かを考えておくのが妥当であろう。

以上のことから、古代では漏刻は都と辺境諸国を除いては設置されていなかった。これを別に言い換えると、国郡衙や寺・堂では日時計や香時計によって時刻を計測していた可能性が高く、とくに夜間などでは時刻の正確な計測は困難であったに相違ないという見通しに導かれてくるはずである。

伊勢神宮の三節祭と時刻

とすると、改めて伊勢神宮の三節祭（由貴大御饌儀）が注目される。先述のように、亥刻（午後一〇時）と丑刻（午前二時）ないしは寅刻（午前四時）の二度にわたって、内・外宮の正殿の床下に大物忌という童女らの手によって夕・朝大御饌が供えられていたからである。かかる神事は日にちこそ異なるものの、宮中でも六月一二月の神今食《じんこんじき》と一一月の新嘗祭《にいなめ》において、天皇が、内裏の中の中和院神嘉殿で夜に神饌を食する儀（神饌《しんせん》親供の儀）と対応している。このような伊勢神宮と天皇の祭祀の関係は、天皇の祭祀と天皇の守護神アマテラスをまつる神宮の祭祀上の一体性としてとらえられるはずである（岡田精司「律令制祭祀における伊勢神宮」）。なお、時刻の上での関係を確認しておくと、伊勢神宮三節祭では亥刻―丑刻（寅刻）であるのに対して、宮中の神今食では亥刻―寅刻である。しかし、『西宮記《さいきゆうき》』や『江家次第《ごうけしだい》』の段階になると、天皇の神事（新嘗祭）は亥刻―丑刻（本書一二九～一三〇頁）と伊勢神宮とまったく一致している。ということは、両者は時刻の上でも対応すべく設定されていたのではないだろうか。

伊勢斎王と漏刻

ところが、ここで別の問題が出てくる。本来、辺境国でもない伊勢国に漏刻が置かれていたとは考えがたいところであった。はたして伊勢神宮の祭祀の時刻は何によって計測されていたのであろうか。結論を先に述べれば、伊勢神宮にも漏刻が置かれていたのではないかと答えたい。ただし、伊勢神宮に漏刻が置かれていた直接的な証拠は見出せていないので、伊勢神宮の漏刻設置説はなお推測の域を出ないが、状況証拠ならばいくつか指摘できる。

伊勢斎王は卜定された後、まず最初の一年間、宮中で潔斎をするが、その前に賀茂川で御禊《ごけい》を行う。『永昌記』（藤原為隆の日記）天治元年（一一二四）四月二三日条によると、御禊の行列中に漏刻器が従うはずが、注に「今日見えず、行鼓又見えず、尋ねるべし（今日は漏刻器が見えない、行鼓もまた見えない、探し出すべきである）」とある。この記事からして伊勢斎王の行列には漏刻器と行鼓が付き従うものであったことが窺える。賀茂斎王の例であるが、賀茂祭の一条大路を進む行列には「陰陽寮漏刻」が加えられ、斎王の車の少し前を進むことになっていた（『江家次第』六）。実際、『中右記』元永元年（一一一八）四月二八日条や『長秋記《ちょうしゅうき》』（源師時の日記）大治四年（一一二九）四月二五日条にも賀茂斎王の行列に従う漏刻の存在が記録されている。斎王が身辺に漏刻を備えているというのは、天皇と漏刻との関係、天皇の分身としての斎王という関係からも無視できないところではないだろうか。

『延喜式』一六（陰陽式）によると、「凡《およ》そ行幸には、陪従《べいじゅう》の属《さかん》已上二人、陰陽師二人・漏刻博士一人・守辰丁十二人・直丁《じきちょう》一人を率いて供奉せよ（凡そ、天皇の行幸には陪従の属以上二人、陰陽博士一人、漏刻博士一人、守辰丁一二人、直丁一人を率いて供奉せよ）」とあり、『吏部王記《りほうおうき》』（醍醐《だいご》天皇の皇子重明親王の日記）承平二年（九三二）一〇月二五日条には朱雀《すざく》天皇の鴨河行幸に際して漏刻が従ったことが記録されている。このような場合の漏刻は大掛かりのものとは到底考えられない。天皇や斎王の行列には簡便な漏刻器が従っていたのではないか。ちなみに『隋書』天文志に携行用の「馬上漏刻」があるというのも参考になる。『文徳実録』天安元年（八五七）一〇月戊子条と同十一月乙未条に「陰陽寮の持行漏刻の鼓、自ら鳴ること三度（陰陽寮の持行用の漏刻の鼓が自ら鳴ること三度）」という記事もある。このような携行用の漏刻器も存在していたことを考慮すべきであろう。

以上のことを踏まえて、改めて天皇と漏刻、斎王と漏刻との関係が浮かび上がってくるように思う。もちろん、ここであげたのは漏刻と斎王との関係であって、漏刻と伊勢神宮との関係を直接的に示し得ているわけではない。しかしながら、先に述べたような伊勢神宮の祭祀の時刻に、さらに斎王と漏刻との関係を考慮するならば、伊勢神宮には都にならって漏刻が設置されていた可能性は小さくはないと思う。その場合の漏刻は水落遺跡の四段式漏壺《ろうこ》のようなものではなく、天皇の行幸に従うような簡便なものであっても構わないだろう。

伊勢神宮における漏刻設置時期　『太神宮諸雑事記《だいじんぐうしょぞうじき》』という伊勢神宮の編年史料がある。九世紀末から一〇世紀初頭までの史料をもとに、一一世紀後半までの神宮の重要事件を編年体でまとめたものであるが、天平神護二年（七六六）一二月一八日に「夜子時、宮司の神館五間、萱葺《かやぶき》二宇に、火飛び来りて既に以て焼亡し畢《おわ》んぬ

〈夜子時〈午後一二時〉、宮司の神館五間、萱葺二字に火が飛んで来て焼き尽くしてしまった〉」という火災記事を初めとして、以後、夜の時刻を記す記事が見出される。平安後期に編纂されたという同書の史料的価値の問題は残るが、もし、天平神護二年の子時の火災を事実とすれば伊勢神宮の漏刻の設置は遅くとも八世紀中頃に遡ることになろう。

時季を感じる——エピローグ

本書で述べてきたことを整理しておこう。古代の一日は昼と夜、それに両者の境界の時間帯として朝と夕に区分できることが、古代の諸史料から知られる。

『時間の古代史』

このうち、人間の視覚が遮られる夜は、古代の人々の心性においては霊・鬼・神など異類のものが活動する時間帯であった。また、夜には視覚が十分機能しない分、それ以外の感性が重視された。聴覚・嗅覚・触覚などの働きによって、人々は暗い夜の時間に想像力をかきたてることになったことはいうまでもない。古代の人々は、神が示現する夜に祭りや歌垣（嬥歌《かがい》）を行なったし、盗賊の活動も夜のことが非常に多い。そうした夜に、秩序立った集団行動を行うことができたのが武士であった。そこに武士が新たに台頭していく、一つの契機があったものと思われる。また、夜には葬送、入京などが人目をしのんで行われたり、狩猟の場面でも待ちや灯（照射）といった夜の暗さを利用した人々の知恵も考慮される。

異類の活動は、暗闇が迫りつつある夕方から始まっていたことも指摘した通りである。その意味で夕方は昼の明るさと夜の暗さとが交錯する境界的な時間帯であった。一方、夜と昼の境界の朝も、夕方と同じような意味があったはずで、朝にも異変が起きていた例もある。しかし、むしろ、朝は夜の間の異類の仕業の痕跡を朝の明るさのもとで人々が発見して驚く時間帯でもあった。この点で、朝と夕は異なる位置づけがなされていたといえよう。従って、朝・昼・夕・夜という四区分を、もし二区分すると、朝・昼と夕・夜とに分けられると思う。また、古代の人々は朝・夕という境界的時間に夕占、「朝日よく」として、神意を確かめる技ももっていた。変若水《おちみず》という若返りの水を飲む信仰も、背景に朝の明るさのもとで若返りたいという古代の人々の思いが想定されよう。

それに対して、明るい昼間では秩序が重視された。とくに古代律令国家の支配秩序は昼間に公開され、人々の目でその秩序は確認されたものとみられる。遣隋使の派遣を契機として、七世紀以降に朝政が始まるが、王権祭祀の中にも昼間の儀が登場するようになったのもその一環であろう。

ところで、朝・昼・夕・夜の繰り返しという時間に対して、古代国家は七世紀後半、漏《ろう》刻《こく》を導入し、時刻（定時法）を鼓・鐘によって報知することで天皇や貴族の政務、都で暮らす人々の生活を規制するようになった。しかし、漏刻の設置は都（陰陽寮《おんみようりよう》）と辺境諸国、それに伊勢神宮に限られたため、機械的な時刻制が影響を及ぼす範囲は自ずと限定されていたはずである。地域社会では漏刻による時刻制は普及せず、国郡衙《こくぐんが》や寺・堂では日時計や香時計による不定時法による時刻の計測と報知があったとしても、基本的には朝・昼・夕・夜の暮らしが活きていたとみてよいだろう――以上がこれまでの本書のまとめである。

時間論の現在

近年、歴史学やその関連分野において時間論が盛んである。その中でインカ帝国の研究者である松本亮三氏が、人類が経験した時間概念を〈感じられた時間〉と〈刻まれた時間〉とに区分されたことは重要である。前者は自然の動きをモデルとして、点としての時を基本とするもので、後者は時計によって刻まれ、長さとしての単位時間を特徴とするとされる（松本亮三「時間と空間の文明学」）。これとは別に、文化人類学者の鈴木正崇氏は、八重山群島（石垣島・西表島《いりおもて》）の時間認識を手がかりに、八重山群島での時間は、自然と人間との交流を通して成立する相対的な時間であるのに対して、環境とか外界の影響とは一切関係なく、人間が一方的かつ人工的に選定した絶対的な時間があり、この絶対的な時間が相対的な時間を浸蝕しつつあると指摘されている（鈴木正崇「八重山群島における時間認識の諸相」）。松本氏や鈴木氏が指摘されている二つの時間は互いに関連するところがあろう。とくに松本氏の言う〈感じられた時間〉や鈴木氏の相対的な時間が、本書でいう朝・昼・夕・夜の反復に該当し、〈刻まれた時間〉や絶対的な時間が漏刻による時刻制に対応していることは見やすい。先述のように、日本の古代では、七世紀後半に時刻制が導入されたが、たとえば、祭りにおいて時刻が導入されたのは、伊勢神宮の祭祀《さいし》を含む王権祭祀に限られたのであって、地域社会では〈感じられた時間〉や相対的な時間に基づく夜の祭りが継続していたということができよう。

『忘れられた日本人』

宮本常一氏の名著『忘れられた日本人』に、一九三九年、島根県の山間部に田中梅治氏という好学の人を訪ねた時の話がある。すなわち、「文字に縁のうすい人たちは、自分をまもり、自分のしなければならない事は誠実にはたし、また隣人を愛し、どこか底ぬけ明るいところを持っており、また共通して時間の観念に乏しかった。とにかく話をしても、一緒に何かをしていても区切のつくという事がすくなかった。『今何時だ』などと聞く事は絶対になかった。女の方から『飯だ』といえば『そうか』と言って食い、日が暮れれば『暗うなった』という程度である。ただ朝だけは滅法に早い。ところが文字を知っている者はよく時計を見る。『今何時か』ときく。昼になれば台所へも声をかけてみる。すでに二十四時間を意識し、それにのって生活をし、どこかに時間にしばられた生活がはじまっている」と。これをただちに古代に適用させることはできないとしても、時計を利用せず、「飯だ」「暗うなった」という世界は、いわば感性の世界に生きていた人々の姿の記録として示唆に富む。

古代の暦

以上の二つの時間という指摘は古代の暦の問題にも適用できる。暦について詳しく述べる余裕はないので、簡単に触れるに留めるが、三世紀の邪馬台国の時代では、『魏志』東夷伝倭人条に引く『魏略』に「其の俗正歳四節を知らず、但し、春耕秋収を計りて年紀と為す（倭人は正月や四季を知らない。但し、春耕秋収をもとに年数を数えている）」とあり、暦が利用されていなかったらしい。その後、日本でも暦の使用開始が確認されるのは、漏刻よりも早く、埼玉県行田《ぎょうだ》市の稲荷山古墳出土鉄剣銘に「辛亥年（四七一）七月中記」とあるのが最初であった。『日本書紀』によると、欽明一四年六月条に百済《くだら》に暦博士や暦本を要求したという記事があり、同一五年二月に百済から固徳王保孫という暦博士が交替で来日したとあること、また、推古一〇年（六〇二）一〇月には百済僧観勒《かんろく》が暦本を伝え、陽胡史《やごのふびと》の祖玉陳《たまふる》が暦法を習ったとある。右からすると、五世紀後半以降、とくに六、七世紀には倭王権では暦を使用していたことが窺える。

律令制下では、陰陽寮が具注暦《ぐちゅうれき》（日付・干支・二四節気・吉凶などの暦注を具備した暦）一年分を作成し、一一月に天皇に奏上、その上で省・国に頒布される（雑令造暦条）。それはさらに書き写されて被管の寮司から郡司にまで頒給された。郡以下の地域社会では、暦の定着が不十分であったろうことは予想されるが、人々が自然暦だけで生活していたわけではなかったらしい。たとえば、田令田租条によると、田租は九月中旬から納入し始めて一一月三〇日までに、それぞれの国に納入しおえる。また、米に舂《つ》いて都に運ぶ時は正月から八月三〇日までである。調庸《ちようよう》物に関しても、賦役令調庸物条には、八月中旬から納入を開始し、近国の場合は一〇月三〇日まで、中国では一一月三〇日、遠国《おんごく》では一二月三〇日までに都に貢進するように定められているなど、租税の納入期限は暦によって定められたものであるから、古代の地域社会においては、暦とまったく無関係の暮らしであったというのも正しくないとみられる（佐藤信「出土した暦」）。この点で、暦と、地域社会に入り込まなかった時刻（漏刻）とは異なる。

自然暦

暦の起源は中国にあり、漏刻と同様に天皇の時間支配にともなって、日本でも中国にならって国家が機械的に定めた暦日が使用されるに至ったわけであるが、その一方で、古代の地域社会では地域ごとの多様な自然暦が利用されていたであろうことは想像に難くない。自然暦が現代にも息づいている例を全国的に集成したものとして、川口孫次郎氏の『自然暦』がある。ここには、たとえば、「オープ山の雪の残りが馬一匹に見ゆるから田植をしなければならぬ。（陸奥中津軽郡西目屋村砂子瀬）」「ツクツクボウシが鳴くと秋の節に入る。（筑前糟屋郡若杉山下の諺）……」のように具体例が列挙されている。同書に詳しい解説がないのが惜しまれるが、自然の変化を手がかりに五感によって時季を感じていた人々の暮らしの一端が伝わってくる。

このような自然暦の系譜に縄文カレンダーも位置づけられよう。春は野草の採集、夏は漁撈、秋は堅果類の採集、冬は狩猟と、自然の変化に同調しながら、縄文人の食料獲得などの生活サイクルが計画的に実行されていた様子が復元されている（小林達雄『縄文人の世界』）。しかも、この縄文カレンダーも地域ごとに多様であったとみられる。

自然暦が息づく古代の地域社会での様相としては、『風土記』にその片鱗を見出すことができる。具体的にあげると以下の通りである。

『風土記』の世界

① 六継の里。……この里に松原あり。甘茸生ふ。色は菰《なもみ》の花に似て、体は鷲茸のごとし。十月上旬に生ひ、下旬に亡《う》す。その味甚甘《いとあま》し。（『播磨国風土記』賀古郡条）

（六継の里。……この里に松原がある。甘茸が生えている。色は菰の花に似て、外見は鷲茸のようである。一〇月上旬に生え、下旬にはなくなる。その味はとても甘い）

② 阿為山。……名を知らざる鳥住めり。正月より四月に至るまで見え、五月より以後見えず。形鳩に似て、色は紺のごとし。（『播磨国風土記』揖保郡条）

（阿為山。……名前のわからない鳥が住んでいる。正月から四月の間に見え、五月以後は見えない。形は鳩に似ていて、色は紺のようである）

③ 船引山。……この山に鵲《かささぎ》住めり。一《ある》ひと韓国《からくに》の鳥と云へり。枯木の穴に栖《す》み、春の時に見えて、夏見えず。……この山の辺に、李《すもも》五根あり。仲冬に至るまで、その実落ちず。（『播磨国風土記』讃容《さよ》郡条）

（船引山。……この山に鵲が住んでいる。一説には韓国の鳥という。枯れ木の穴に住み、春に姿が見え、夏には見えなくなる。……この山の辺に李が五本ある。一一月になるまでそ

の実は落ちない）

④　附嶋。……その薺頭蒿《おはぎ》は、正月の元日に生ひ、長さ六寸なり。

（『出雲国風土記』嶋根郡条）

（附嶋。……薺頭蒿〈ヨメナ〉は正月元日に生え、長さが六寸になる）

⑤　出雲の大川。……孟春《むつき》より起《はじ》めて季春《やよい》に至るまで、材木を挍《かと》れる船、河の中を沿《のぼり》泝《くだ》れり。

（『出雲国風土記』出雲郡条）

（出雲の大川。……孟春から季春に至るまで、材木を監視する船が、河の中を上下する）

⑥　酒殿《さかどの》の泉。……この泉は、季秋九月、殆《やや》くに白き色に変り、味酸く気臭くして、喫《や》飲《ら》ふること能はず。孟春正月、反りて清冷く、人始めて飲喫ふ。

（『肥前国風土記』基《き》肄郡条）

（酒殿の泉。……この泉は、季秋の九月に徐々に白色に変り、味が酸く匂いが臭くなって飲むことができなくなる。孟春正月にもとのように清く冷たくなり、人々も始めて飲めるようになる）

⑦　……この国の婦女、孟夏四月には、常に針以て年魚《あゆ》を釣る。

（『肥前国風土記』松浦《まつら》郡条）

（この国の婦女は孟春四月に常に針で年魚を釣る）

⑧　土歯《ひじは》の池。……荷《はちす》・菱《ひし》、多《さわ》に生ふ。秋七八月に、荷の根甚甘し。季秋《ながつき》九月に、香と味共に変り、用ゐるに中《あた》らず。（『肥前国風土記』高来《たかく》郡条）

（土歯の池。……荷・菱がたくさん生えている。秋七・八月に荷の根がとても甘い。季秋九月に香と味がともに変り、食用にはならなくなる）

⑨　板来《いたく》の南の海に、洲あり、三四里許《ばか》りなり。春時には、香島・行方《なめかた》二つの郡の、男も女も尽《ことごと》に来り、洲の白貝《おう》、雑《くさぐさ》の味の貝物を拾ふ。（『常陸国風土記』行方郡条）

（板来の南の海に洲があって、三、四里ほどである。春に香島・行方二郡の男女が皆やって来て、洲の白貝や様々の味の貝を拾う）」

以上の例からも、さまざまな自然現象や生業から時季を感じ取っていた古代の人々の生活が垣間見られよう。すなわち、①は「甘茸」の味覚から、一〇月上旬から下旬という暦を知るのであって、その逆ではあるまい。食物の味覚によって暦日が判明するというのは、⑧にもあり、「土歯の池」の「荷の根（蓮の根）」の味覚や嗅覚から、それが知られていた。今日風にいえば、今が旬というところであろう。②と③（カササギ）は鳥の去来、③の後半（スモモ）と④（ヨメナ）は植物の生育が手がかりになっていた。その他、⑤は「出雲の大川」（斐伊《ひい》川）を下る筏船を監視する船の往来、⑥は泉の色と味の変化、⑦は年魚釣り、⑨は貝の採集（潮干狩り）から、それぞれ時季が知られていることが分かる。このように地域社会では、中央から郡衙まで頒布された暦と、地域社会特有の、人々の感性に関わる自然暦が並存して利用されていたものと思われる。

ホトトギスと清少納言

ホトトギスは夏の訪れを告げる鳥として、『万葉集』などにも多く詠まれた。『万葉集』一七―三九八四の左注に「霍公鳥《ほととぎす》は、立夏の日に、来鳴くこと必定なり（ホトトギスは立夏の日に来鳴くものと決まっている）」とあるように、ホトトギスの鳴き声は暦の中にも位置づけられている。この鳥は冬季にインドシナ半島やマレー半島などで越冬し、日本列島には夏鳥として五月に飛来する。そして、八月から九月に南方に帰っていく渡り鳥である。夏になると、歌人はホトトギスの鋭い鳴き声への憧憬《しょうけい》の念を懐いた。ちなみにホトトギスは、「オッキョ、キョキョキョキョ」と鳴く。現在では「テッペンカケタカ」「特許許可局」と聞きなすが、『万葉集』一八―四〇八四に「暁に　名告り鳴くなる　ほととぎす　いやめづらしく　思ほゆるかも（暁に名のって鳴いているホトトギスのように、ひとしおなつかしく思えてなりません）」とあるように、『万葉集』から江戸時代まではホトトギスと聞きなしていた（山口仲美『ちんちん千鳥のなく声は』）。

『枕草子』三九段（「鳥は」）には、清少納言（九六六年～?）が「五月雨《さみだれ》の短き夜に寝ざめをして、いかで人よりさきに聞かむと待たれて、夜深くうち出でたる声のらうらうじう愛敬づきたる、いみじう心あくがれ、せむ方なし（五月雨の短い夜に目を覚まして、何とかして他人よりも先に聞こうと待っていると、夜が深い頃に鳴き始めたその声は、老練で愛嬌がある感じがして、心が遠くへ浮かれ出て行くほどすばらしく、どうしようもない）」として、夜に目をさまして他人より早くホトトギスの初音を聞こうとした様子が窺える。九五段（「五月の御精進のほど」）にも、長徳四年（九九八）五月五日に清少納言が「郭公《ほととぎす》の声たづねに行かばや（ホトトギスの声を探しに行きたい）」といって「賀茂の奥」（現、京都市左京区松ヶ崎辺か）を尋ねるなど、貴族の風雅の行動が見受けられる。しかし、その一方で、二一〇段（「賀茂へ詣る道に」）には、賀茂に向かう道に田植えをする女が「郭公、おれ、かやつよ。おれ鳴きてこそ、われは田植うれ（ホトトギスよ、おまえ、きゃつよ、おまえが鳴くから、われは田植えをする）」と歌うのを、清少納言は「郭公をいとなめううたふ聞くにぞ心憂き（ホトトギスをひどくぶしつけに歌うのを聞くのは、まことに不愉快だ）」と記している。

清少納言は、ホトトギスの初音に夏の到来を告げる声として関心をもっていたのに対して、農民は田植えの開始の声として受け止めており、清少納言は農民の歌を不愉快だと非難している。ホトトギスの初音よって時季を感じることは清少納言も農民も同じであったが、それを聞く人々によって受け止め方に違いがあったことに留意すべきであろう。

古代の時間を考える

近年、都会を中心に昼と夜との区別が急速に失われつつある。本書で述べた、古代の人々が夜に出会った鬼や霊なども、夕方の不思議な体験も、朝の驚きも同時に消滅の傾向にある。

この点に関しては、一九世紀のパリにおいても同様なことが認められている。すなわち、「人々の想像力において夜は長い間、魔女と幽霊と盗賊と放浪者と見張りの世界でした。それから光が登場して、大都市ではかつてのような闇の支配が抑制されます。……パリで夜遊びが繰り広げられるのは一八三〇年代以降のことです。こうして夜は安全になりますが、同時に妖しい魅力を失います。都市内部の夜の領域が多様化し、新たなひとの流れが諸活動の機能を複雑なものにします。それまでなかったような出会いが生まれ、感性の分野では、夜の新たな豊かさによって可能となった新しい夜の自我が形成されていくのです」（アラン・コルバン『風景と人間』）。このような指摘を念頭に置くと、日本の場合も、いつ照明の光によって夜が明るくなり、どのようにして「新しい夜の自我が形成されていく」のか、次に検討すべきであるが、これは今後の課題としたい。

最近、内山節氏の『日本人はなぜキツネにだまされなくなったのか』に接した。同書によると、狐にだまされたという話は、一九六五年頃を境に消えたが、それは伝統的な社会が高度経済成長などによって崩壊したことに原因がある。その過程で身体や生命の記憶として形成された「みえない歴史」が衰退し、知性で捉えられる発達史的な歴史が肥大化したと指摘されている。「みえない歴史」をつかまえていくことを歴史哲学の課題として考察するという同書に学ぶところが大であった。内山氏の指摘からも、また、環境史研究からも、古代の史料をひもどき、時季を感じながら、古代の人々と時間との関係に向き合ってみることは、決して無意味とは思えないのである。

あとがき

今から四半世紀ほど前、五年間、私は岐阜の町で暮らしたことがある。東京で生まれ育った私には、初めての地方都市での生活経験であったが、現在でも岐阜のことは鮮明に覚えている。私にとって岐阜は第二のふるさとになった。

岐阜市は、人口四〇万余、市街地の真ん中に岐阜城を頂く金華山が聳え、麓を清流長良川が流れるという風光明媚な地で、とりわけ市内の梅林公園の梅、金華山の桜には魅せられた思い出がある。市内とはいえ、当時住まいの近くには田圃が広がっていた。田植えが終わり、蒸し暑くなる頃、昼間は静かな田圃の光景が夜になるとたくさんのカエルの鳴き声で音風景が一変したのは、何よりの驚きであった。おそらく日本の原風景の一つであろうが、東京から移ってきた私には新鮮であり、おかげで後に音の風景論（サウンドスケープ）への関心をもつ、きっかけになったと思う。

長良川の鵜飼は、毎年五月一一日に始まり、一〇月一五日に終わる。観光客の一人として何も考えず見物していた時は思いもかけなかったことであるが、篝火のもとでの鵜飼というのは、夜という時間を考える上でも今更ながら気になるところといえる(日本の鵜飼は、昼の川の放ち鵜飼からはじまって、数次の技法的変遷を経、長良川に代表される夜の船鵜飼に到達したという可児弘明氏の指摘がある〈『鵜飼』中公新書、一九六六年〉)。また、岐阜の町は表通りこそ、街路灯があって、東京と同様、夜でも明るいが、裏通りに道を一本入ると、人通りも少なく暗く寂しい。新月の夜、近所を散歩していた時に、裏通りへの曲がり角であまりの暗さに足がすくんだという記憶もある。夜の本当の暗さ、怖しさを実感したのも、岐阜での暮らしの中での貴重な経験であった。本書で指摘した、昼と夜との区別や時季への感性は岐阜に住んだ時期に培われたといってよいのかもしれない。

本書の執筆は、吉川弘文館編集第二部の石津輝真氏のお薦めによる。二〇〇八年に拙著『古代の王権祭祀と自然』(吉川弘文館)を上梓したが、その中の第Ⅰ部第五章「古代の祭祀と時刻」という一編をもとに、古代の時間——朝・昼・夕・夜への人々の思いを一書にまとめてはどうかというお誘いであった。古代の時間に関しては、拙著では祭祀との関係でまとめてしまったが、『今昔物語集』などを読んでいると、古代の人々の心性と日常生活、さらには環境史とも関わる興味深いテーマであり、祭祀論だけに留めておくべきではないという思いがあったので、執筆を快諾した。しかしながら、一度論文にしたテーマを、別の角度から再構成して一書にまとめるというのは、参考文献の読み直し、史料の再検討と少々気の重いところではあり、なかなか筆も進まなかった。そこで、二〇〇九年度の大学での講義（春学期）を「時間の古代史」にあて、本書の骨子になるような内容のノートを作成することから始めた。半期の講義では時間が足りず、準備したことのすべてを語りつくすことはできなかったが、講義ノートをもとに、夏休みに原稿を一気に書き上げた。「古代の昼と時刻」のところは旧稿の内容を概ね踏襲し、後は前著の成果を盛り込みながら、新たに執筆した次第である。

今回、朝・昼・夕・夜への人々の心性と暮らしという観点から本書をまとめたわけであるが、時間を意識した上で史料に接してみると、夜の帰京や夜の狩など、思わぬ「発見」もあった。また、日常の生活のルールとは逸脱した時間に実施されたもの——たとえば昼間の王権祭祀に着眼して歴史的意義を考察することも重要であると思う。紙幅の関係もあり、本書で扱えなかったところは、別途、取り組む機会をもちたいと考えている。

なお、本書には、六年ほど前から同学の士とはじめた『今昔物語集』講読会（通称、

「今昔の会」）での成果も含まれている。「今昔の会」のメンバーには、この場を借りて御礼申し上げたい。

最後になったが、本書の刊行に際して、吉川弘文館編集第一部の並木隆氏には大変お世話になった。また、校正を手伝ってくれた妻真弓にも感謝したい。

二〇一〇年六月

三宅和朗

史料・参考文献

史　料（史料はそれぞれ、以下のものによった）

『古事記』、「養老令」（『律令』）、「九条右丞相遺誡」（『古代政治社会思想』）、「建武式目」（『中世政治社会思想』）は日本思想大系本（岩波書店）。

『日本書紀』は日本古典文学大系本（岩波書店）。

『続日本紀』は新日本古典文学大系本（岩波書店）。

『風土記』、『万葉集』、『日本霊異記』、『土佐日記』、『枕草子』、『源氏物語』、『更級日記』、『大鏡』、『今昔物語集』、『宇治拾遺物語』は新編日本古典文学大系本（小学館）。

『文徳実録』、『扶桑略記』、『令義解』、『令集解』、『類聚三代格』は新訂増補国史大系本（吉川弘文館）。

『皇太神宮儀式帳』、『止由気宮儀式帳』、『太神宮諸雑事記』、『内裏式』、『儀式』、『西宮記』、『江家次第』は神道大系本（神道大系編纂会）。

『延喜式』は訳注日本史料本（集英社）・神道大系本。

『中右記』は大日本古記録本（岩波書店）。

『永昌記』は増補史料大成本（臨川書店）。

『類聚名義抄』は正宗敦夫編纂校訂『類聚名義抄』（風間書房）。

『色葉字類抄』は前田育徳会本（勉誠社）。

『年中行事秘抄』は群書類従本（続群書類従完成会）。

『二中歴』は改定史籍集覧本（臨川書店）。

「加賀郡牓示札」（加茂遺跡出土）は平川南監修『発見！　古代のお触れ書き』（大修館書店）。

『粉河寺大卒塔婆建立縁起』は『校刊美術史料寺院篇上巻』（中央公論美術出版）。

『沙汰未練書』は中世法制史料集本（岩波書店）。

「前大僧正聖快置文案写」は『神奈川県史』資料篇3（神奈川県）。

『粉河寺縁起絵巻』、『紀長谷雄草紙』、『石山寺縁起絵巻』、『年中行事絵巻』は『日本の絵巻』（中央公論社）。

『百鬼夜行絵巻』は『続日本の絵巻』（中央公論社）。

『道脇寺参詣曼荼羅』は『社寺参詣曼荼羅』（平凡社）。

『後漢書』は吉川忠夫訓注『後漢書』（岩波書店）。

『魏志』、『隋書』は中華書局本。

参考文献

飯島吉晴「祭りと夜」（『一つ目小僧と瓢簞』新曜社、二〇〇一年、初出一九九〇年）
生嶋輝美「鎌倉武士の死刑と斬首（上）」（『文化史学』五四、一九八九年）
池上洵一「説話の世界」（『「今昔物語集」の世界』筑摩書房、一九八三年）
池田弥三郎『日本文学の〝素材〟』日本放送出版協会、一九八八年

伊藤和明『地震と噴火の日本史』岩波新書、二〇〇二年
今泉隆雄「飛鳥の漏刻臺と時刻制の成立」(『古代宮都の研究』吉川弘文館、一九九三年、初出一九九三年)
内山　節『日本人はなぜキツネにだまされなくなったのか』講談社現代新書、二〇〇七年
大久保正「月夜見の持てるをち水」(『万葉集の諸相』明治書院、一九八〇年、初出一九七二年)
岡田精司「大王就任儀礼の原形とその展開(補訂)」(『古代祭祀の史的研究』塙書房、一九九二年、初出一九八三年)
岡田精司「大嘗祭の神事と饗宴」(『古代祭祀の史的研究』塙書房、一九九二年)
岡田精司「八十島祭の機能と本質」(『古代祭祀の史的研究』塙書房、一九九二年)
岡田精司「律令制祭祀における伊勢神宮」(『古代祭祀の史的研究』塙書房、一九九二年、初出一九八八年)
折口信夫「春来る鬼」(『折口信夫全集』一五、中央公論社、一九六七年、初出一九三一年)
折口信夫『死者の書』(『折口信夫全集』二四、中央公論社、一九六七年、初出一九三九年)
笠松宏至「夜討ち」(網野善彦・石井進・笠松宏至・勝俣鎮夫編『中世の罪と罰』東京大学出版会、一九八三年)
勝田　至「民俗の歴史的再構成」(『講座日本の民俗学』一〇、雄山閣出版、二〇〇〇年)
狩野久・木下正史『飛鳥藤原の都』岩波書店、一九八五年
川口孫次郎『自然暦』八坂書房、一九七二年
岸　俊男「朝堂の初歩的考察」(『日本古代宮都の研究』岩波書店、一九八八年、初出一九七五年)
小林賢章『アカツキの研究』和泉書院、二〇〇三年

小林達雄『縄文人の世界』朝日新聞社、一九九六年
小松和彦『異界と日本人』角川書店、二〇〇三年
五味文彦『殺生と信仰』角川書店、一九九七年
小峯和明「女盗人二題」(『説話の森』大修館書店、一九九一年)
アラン・コルバン(小倉孝誠訳)『風景と人間』藤原書店、二〇〇二年
坂本　勝『古事記の読み方』岩波新書、二〇〇三年
佐藤　信「出土した暦」(『出土史料の古代史』東京大学出版会、二〇〇二年、初出一九九九年)
清水克行「織豊政権の成立と処刑・梟首観の変容」(『室町社会の騒擾と秩序』吉川弘文館、二〇〇四年)
鈴木正崇「八重山群島における時間認識の諸相」(『祭祀と空間のコスモロジー』春秋社、二〇〇四年、初出一九七九年)
多田一臣「古代人と夜」(『万葉歌の表現』明治書院、一九九一年、初出一九八七年)
中川　真『平安京　音の宇宙』平凡社、一九九二年
中川ゆかり「神霊の憑り来るサキ」(『上代散文』塙書房、二〇〇九年、初出一九八二年)
二宮宏之「社会史における『集合心性』」(『全体を見る眼と歴史家たち』木鐸社、一九八六年、初出一九七九年)
ニコライ・ネフスキー「月と不死」(『月と不死』平凡社、一九七一年、初出は一九二八年)
野沢謙治「夜の民俗」(『講座日本の民俗学』六、雄山閣出版、一九九八年)
野村忠夫「村国連氏と身毛君氏」(『律令官人制の研究増訂版』吉川弘文館、一九七〇年、初出一九五六年)

平川　南「郡家関連施設と木簡」(『古代地方木簡の研究』吉川弘文館、二〇〇三年)
福山敏男「中尊寺金色堂の性格」(『仏教芸術』七二、一九六九年)
古橋信孝『古代の恋愛生活』日本放送出版協会、一九八七年
益田勝実「黎明」(『益田勝実の仕事』2、筑摩書房、二〇〇六年、初出一九六六年)
益田勝実「幻視」(『益田勝実の仕事』2、筑摩書房、二〇〇六年、初出一九六三年)
松本直樹『出雲国風土記注釈』新典社、二〇〇七年
松本亮三「時間と空間の文明学」(『時間と空間の文明学Ⅰ』、花伝社、一九九五年)
峰岸純夫「誓約の鐘」(『中世社会の一揆と宗教』東京大学出版会、二〇〇八年、初出一九八二年)
三宅和朗『古代の神社と祭り』吉川弘文館、二〇〇一年
三宅和朗『古代の王権祭祀と自然』吉川弘文館、二〇〇八年
宮本常一『忘れられた日本人』岩波文庫、一九八四年、初出一九六〇年
本川達雄『時間』日本放送出版協会、一九九六年
本澤雅史「『朝日の豊栄登に』考」(『祝詞の研究』)弘文堂、二〇〇六年、初出一九九六年
森　浩一『巨大古墳の世紀』岩波新書、一九八一年
森　正人「霊鬼と秩序」(『今昔物語集の生成』和泉書院、一九八七年)
山口仲美『ちんちん千鳥のなく声は』大修館書店、一九八九年
山本陽子「異界の季節表現」(『宗教史・地方史論纂』刀水書房、一九九四年)
和田　萃「夕占と道饗祭」(『日本古代の儀礼と祭祀・信仰』中、塙書房、一九九五年、初出一九八五年)

和田　萃「養老改元」（『日本古代の儀礼と祭祀・信仰』中、塙書房、一九九五年、初出一九八九年）
和田　萃「出雲国造と変若水」（『国立歴史民俗博物館研究報告』一一二、二〇〇四年）

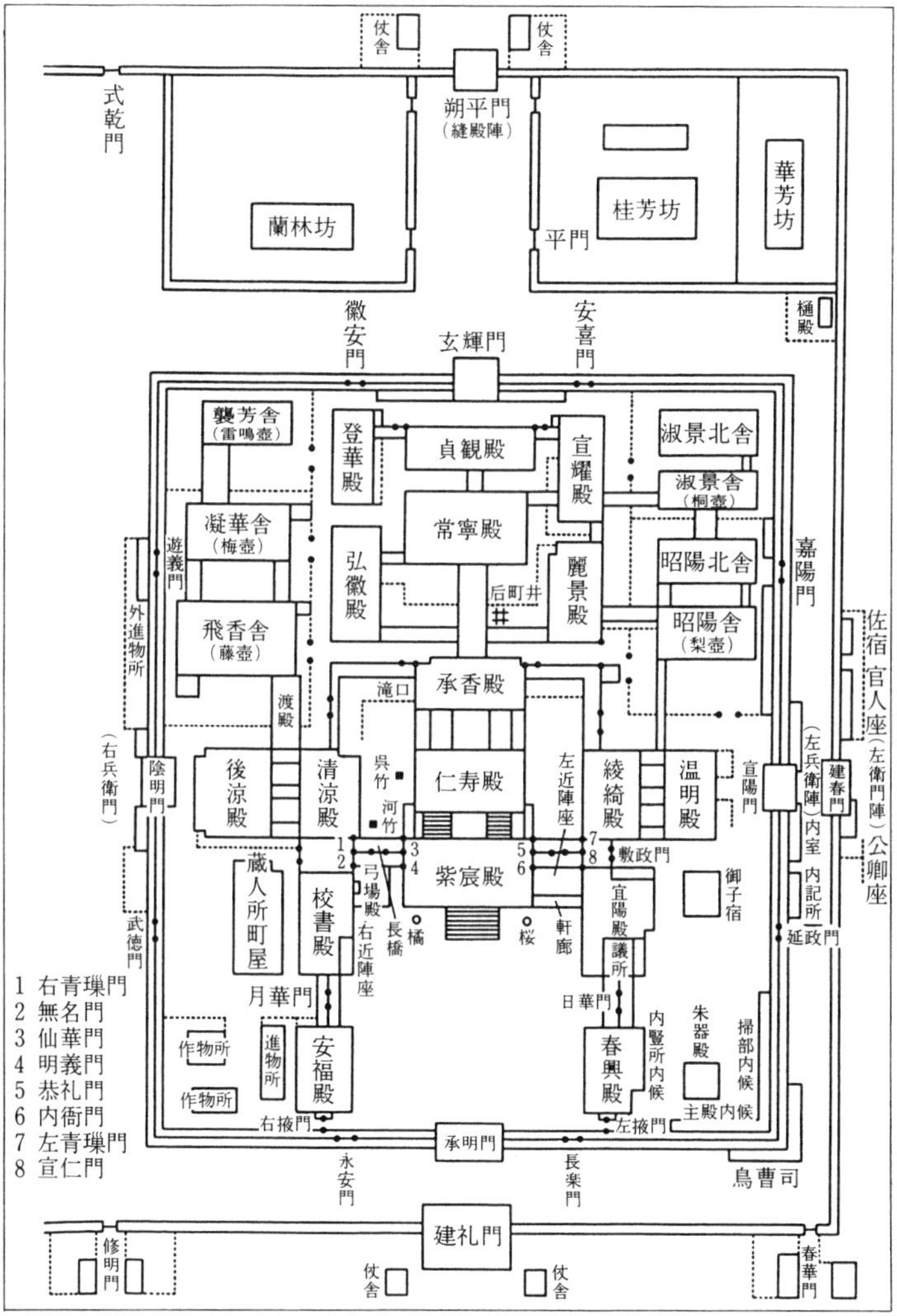

仗舎
仗舎
式乾門
朔平門
（縫殿陣）
蘭林坊
桂芳坊
華芳坊
平門
樋殿
徽安門
玄輝門
安喜門
襲芳舎
（雷鳴壺）
登華殿
貞観殿
宣耀殿
淑景北舎
淑景舎
（桐壺）
凝華舎
（梅壺）
常寧殿
遊義門
弘徽殿
麗景殿
昭陽北舎
嘉陽門
后町井
外進物所
飛香舎
（藤壺）
昭陽舎
（梨壺）
佐宿官人座（左衛門陣）公卿座
承香殿
滝口
渡殿
（右兵衛陣）
陰明門
後涼殿
清涼殿
呉竹
河竹
仁寿殿
左近陣座
綾綺殿
温明殿
宣陽門
（左兵衛陣）
建春門
内室
1
2
3
4
5
6
7
8
敷政門
紫宸殿
弓場殿
長橋
橘
桜
軒廊
蔵人所町屋
校書殿
右近陣座
宜陽殿
御子宿
内記所
延政門
武徳門
議所
月華門
日華門
1 右青瑣門
2 無名門
3 仙華門
4 明義門
5 恭礼門
6 内衙門
7 左青瑣門
8 宣仁門
作物所
進物所
安福殿
春興殿
内豎所内候
朱器殿
掃部内候
作物所
主殿内候
右掖門
承明門
左掖門
永安門
長楽門
烏曹司
建礼門
修明門
仗舎
仗舎
春華門

付図1　平安宮内裏図

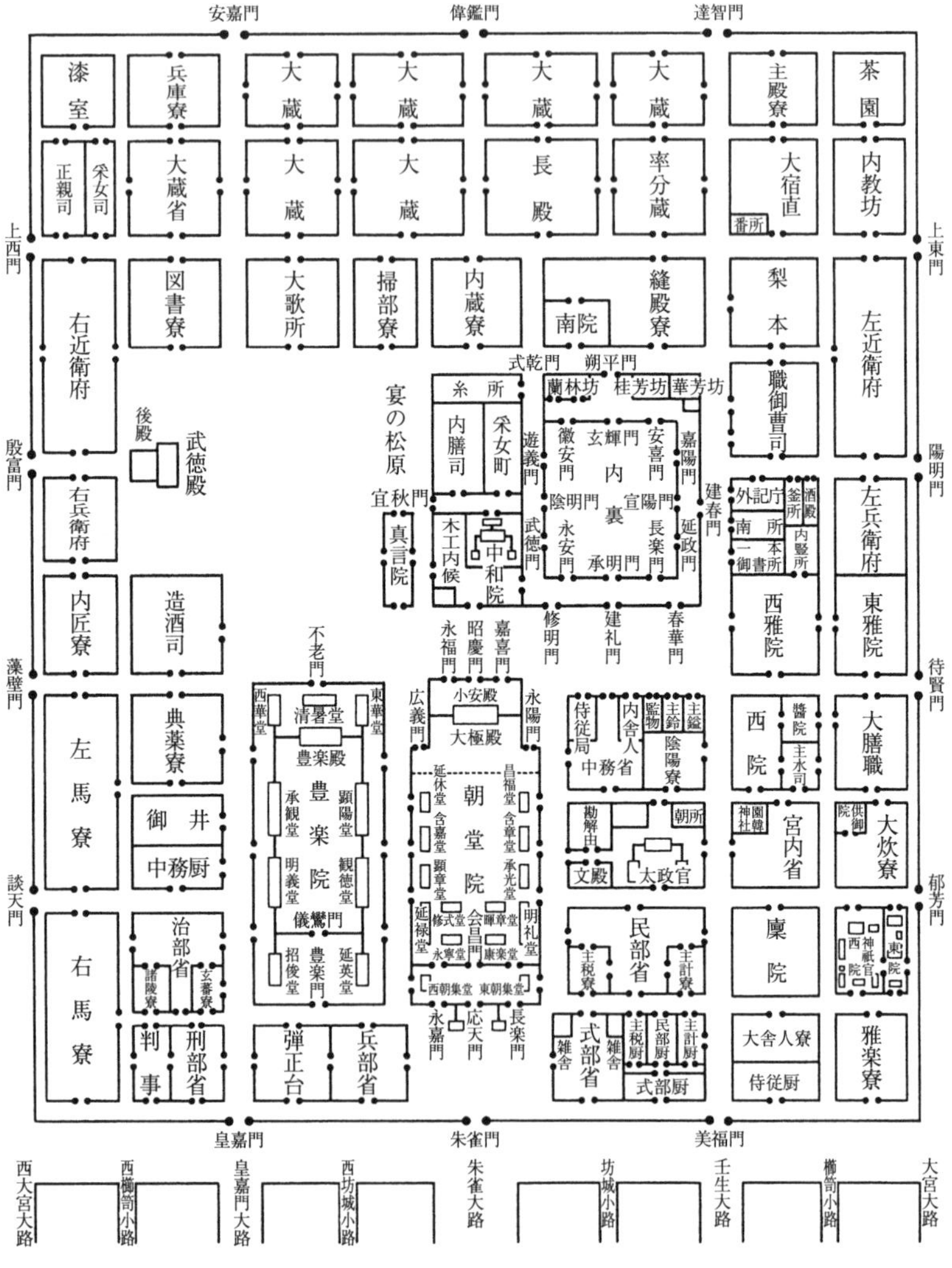
安嘉門
偉鑑門
達智門
漆室
兵庫寮
大蔵
大蔵
大蔵
大蔵
主殿寮
茶園
正親司
采女司
大蔵省
大蔵
大蔵
長殿
率分蔵
大宿直
番所
内教坊
上西門
上東門
右近衛府
図書寮
大歌所
掃部寮
内蔵寮
南院
縫殿寮
梨本
左近衛府
式乾門
朔平門
蘭林坊
桂芳坊
華芳坊
宴の松原
糸所
内膳司
采女町
職御曹司
後殿
武徳殿
遊義門
徽安門
玄輝門
安喜門
内裏
嘉陽門
殷富門
陽明門
右兵衛府
宜秋門
陰明門
宣陽門
建春門
外記庁
釜所
酒殿
左兵衛府
真言院
木工内候
中和院
武徳門
永安門
承明門
長楽門
延政門
南所
一本御書所
内豎所
内匠寮
造酒司
修明門
建礼門
春華門
西雅院
東雅院
不老門
永福門
昭慶門
嘉喜門
藻壁門
待賢門
左馬寮
典薬寮
西華堂
清暑堂
東華堂
広義門
小安殿
永陽門
大極殿
侍従局
内舎人
監物
主鈴
主鑰
中務省
陰陽寮
西院
醤院
主水司
大膳職
豊楽殿
延休堂
昌福堂
豊楽院
承観堂
顕陽堂
朝堂院
含嘉堂
含章堂
御井
中務厨
勘解由
朝所
神社
園韓
宮内省
院
供御
大炊寮
明義堂
観徳堂
顕章堂
承光堂
文殿
太政官
談天門
郁芳門
儀鸞門
延禄堂
修式堂
会昌門
暉章堂
明礼堂
右馬寮
治部省
諸陵寮
玄蕃寮
招俊堂
豊楽門
延英堂
永寧堂
康楽堂
民部省
主税寮
主計寮
廩院
西院
神祇官
東院
西朝集堂
東朝集堂
永嘉門
応天門
長楽門
判事
刑部省
弾正台
兵部省
雑舎
式部省
雑舎
主税厨
民部厨
主計厨
式部厨
大舎人寮
侍従厨
雅楽寮
皇嘉門
朱雀門
美福門
西大宮大路
西櫛笥小路
皇嘉門大路
西坊城小路
朱雀大路
坊城小路
壬生大路
櫛笥小路
大宮大路

付図２　平安宮大内裏図

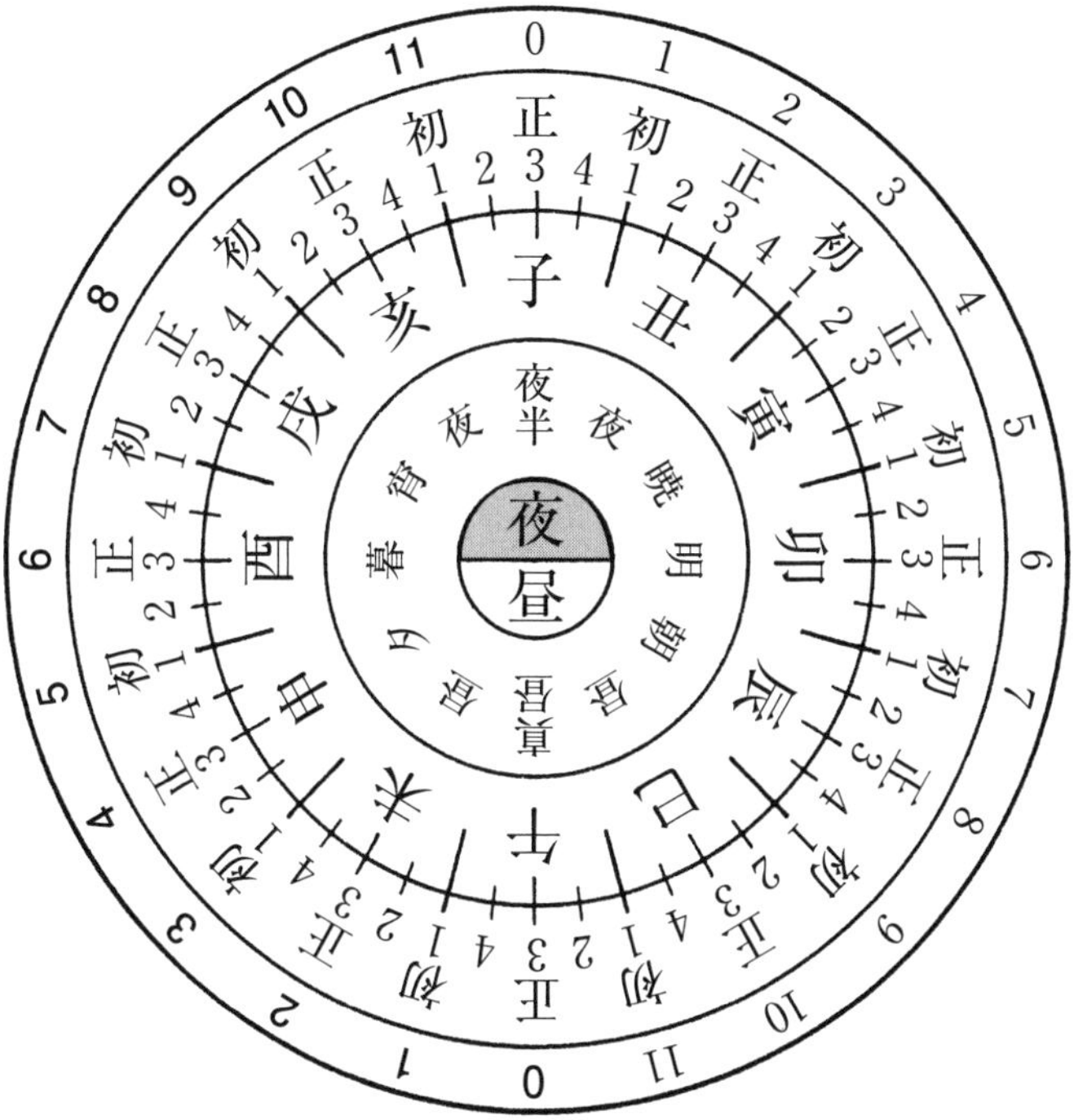

付図3　古代の時刻表

著者紹介

一九五〇年、東京都に生まれる

一九八〇年、慶應義塾大学大学院文学研究科博士課程修了

現在、慶應義塾大学文学部教授、博士(史学・慶應義塾大学)

主要著書

古代国家の神祇と祭祀　古代の神社と祭り

古代の王権祭祀と自然

歴史文化ライブラリー

305

時間の古代史

霊鬼の夜、秩序の昼

二〇一〇年(平成二十二)十月一日　第一刷発行

著　者　三《み》宅《やけ》和《かず》朗《お》

発行者　前田求恭

発行所　株式会社　吉川弘文館

東京都文京区本郷七丁目二番八号

郵便番号一一三―〇〇三三

電話〇三―三八一三―九一五一〈代表〉

振替口座〇〇一〇〇―五―二四四

http://www.yoshikawa-k.co.jp/

印刷＝株式会社　平文社

製本＝ナショナル製本協同組合

装幀＝清水良洋

ISBN978-4-642-05705-9

歴史文化ライブラリー

1996.10

刊行のことば

現今の日本および国際社会は、さまざまな面で大変動の時代を迎えておりますが、近づきつつある二十一世紀は人類史の到達点として、物質的な繁栄のみならず文化や自然・社会環境を謳歌できる平和な社会でなければなりません。しかしながら高度成長・技術革新にともなう急激な変貌は「自己本位な刹那主義」の風潮を生みだし、先人が築いてきた歴史や文化に学ぶ余裕もなく、いまだ明るい人類の将来が展望できていないようにも見えます。このような状況を踏まえ、よりよい二十一世紀社会を築くために、人類誕生から現在に至る「人類の遺産・教訓」としてのあらゆる分野の歴史と文化を「歴史文化ライブラリー」として刊行することといたしました。

小社は、安政四年(一八五七)の創業以来、一貫して歴史学を中心とした専門出版社として書籍を刊行しつづけてまいりました。その経験を生かし、学問成果にもとづいた本叢書を刊行し社会的要請に応えて行きたいと考えております。

現代は、マスメディアが発達した高度情報化社会といわれますが、私どもはあくまでも活字を主体とした出版こそ、ものの本質を考える基礎と信じ、本叢書をとおして社会に訴えてまいりたいと思います。これから生まれでる一冊一冊が、それぞれの読者を知的冒険の旅へと誘い、希望に満ちた人類の未来を構築する糧となれば幸いです。

吉川弘文館

歴史文化ライブラリー

古代史

邪馬台国 魏使が歩いた道――丸山雍成
邪馬台国の滅亡 大和王権の征服戦争――若井敏明
日本語の誕生 古代の文字と表記――沖森卓也
日本国号の歴史――小林敏男
古事記の歴史意識――矢嶋 泉
古事記のひみつ 歴史書の成立――三浦佑之
〈聖徳太子〉の誕生――大山誠一
聖徳太子と飛鳥仏教――曾根正人
倭国と渡来人 交錯する「内」と「外」――田中史生
大和の豪族と渡来人 葛城・蘇我氏と大伴・物部氏――加藤謙吉
飛鳥の朝廷と王統譜――篠川 賢
飛鳥の宮と藤原京 よみがえる古代王宮――林部 均
飛鳥の文明開化――大橋一章
古代出雲――前田晴人
エミシ・エゾからアイヌへ――児島恭子
古代の蝦夷《えみし》と城柵《じょうさく》――熊谷公男
悲運の遣唐僧 円載の数奇な生涯――佐伯有清
遣唐使の見た中国――古瀬奈津子
白村江の真実 新羅王・金春秋の策略――中村修也
古代の皇位継承 天武系皇統は実在したか――遠山美都男
持統女帝と皇位継承――倉本一宏
高松塚・キトラ古墳の謎――山本忠尚
壬申の乱を読み解く――早川万年
骨が語る古代の家族 親族と社会――田中良之
家族の古代史 恋愛・結婚・子育て――梅村恵子
万葉集と古代史――直木孝次郎
平城京に暮らす 天平びとの泣き笑い――馬場 基
古代の都と神々 怪異を吸いとる神社――榎村寛之
平安朝 女性のライフサイクル――服藤早苗
平安京のニオイ――安田政彦
天台仏教と平安朝文人――後藤昭雄
藤原摂関家の誕生 平安時代史の扉――米田雄介
安倍晴明 陰陽師たちの平安時代――繁田信一
源氏物語の風景 王朝時代の都の暮らし――朧谷 寿
古代の神社と祭り――三宅和朗
時間の古代史 霊鬼の夜、秩序の昼――三宅和朗

歴史文化ライブラリー

中世史

- 鎌倉源氏三代記 一門・重臣と源家将軍——永井 晋
- 吾妻鏡の謎——奥富敬之
- 鎌倉北条氏の興亡——奥富敬之
- 都市鎌倉の中世史 吾妻鏡の舞台と主役たち——秋山哲雄
- 源 義経——元木泰雄
- 弓矢と刀剣 中世合戦の実像——近藤好和
- 騎兵と歩兵の中世史——近藤好和
- 声と顔の中世史 戦さと訴訟の場景より——蔵持重裕
- 運 慶 その人と芸術——副島弘道
- 北条政子 尼将軍の時代——野村育世
- 乳母の力 歴史を支えた女たち——田端泰子
- 曽我物語の史実と虚構——坂井孝一
- 親 鸞——平松令三
- 日 蓮——中尾 堯
- 捨聖《すてひじり》一遍——今井雅晴
- 蒙古《もうこ》襲来 対外戦争の社会史——海津一朗
- 神風の武士像 蒙古合戦の真実——関 幸彦
- 地獄を二度も見た天皇 光厳院《こうごんいん》——飯倉晴武
- 足利尊氏と直義 京の夢、鎌倉の夢——峰岸純夫
- 東国の南北朝動乱 北畠親房と国人——伊藤喜良
- 中世の巨大地震——矢田俊文
- 大飢饉、室町社会を襲う！——清水克行
- 平泉中尊寺 金色堂と経の世界——佐々木邦世
- 中世の奈良 都市民と寺院の支配——安田次郎
- 日本の中世寺院 忘れられた自由都市——伊藤正敏
- 贈答と宴会の中世——盛本昌広
- 中世の借金事情——井原今朝男
- 庭園の中世史 足利義政と東山山荘——飛田範夫
- 中世の災害予兆 あの世からのメッセージ——笹本正治
- 土一揆の時代——神田千里
- 一休とは何か——今泉淑夫
- 蓮 如——金龍 静
- 中世武士の城——斎藤慎一
- 武田信玄——平山 優
- 歴史の旅 武田信玄を歩く——秋山 敬
- 武田信玄像の謎——藤本正行
- 戦国大名の危機管理——黒田基樹

歴史文化ライブラリー

戦国を生きた公家の妻たち——後藤みち子
鉄砲と戦国合戦——宇田川武久
信長のおもてなし 中世食べもの百科——江後迪子
よみがえる安土城——木戸雅寿
検証 本能寺の変——谷口克広
加藤清正 朝鮮侵略の実像——北島万次
北政所と淀殿 豊臣家を守ろうとした妻たち——小和田哲男
ザビエルの同伴者 アンジロー 戦国時代の国際人——岸野 久
海賊たちの中世——金谷匡人
中世 瀬戸内海の旅人たち——山内 譲

近世史

神君家康の誕生 東照宮と権現様——曽根原 理
上野寛永寺 将軍家の葬儀——浦井正明
江戸御留守居役 近世の外交官——笠谷和比古
検証 島原天草一揆——大橋幸泰
隠居大名の江戸暮らし 年中行事と食生活——江後迪子
大名行列を解剖する 江戸の人材派遣——根岸茂夫
赤穂浪士の実像——谷口眞子
江戸の町奉行——南 和男
大江戸八百八町と町名主——片倉比佐子
江戸の武家名鑑 武鑑と出版競争——藤實久美子
江戸時代の身分願望 身上りと上下無し——深谷克己
次男坊たちの江戸時代 公家社会の〈厄介者〉——松田敬之
江戸時代の孝行者 「孝義録」の世界——菅野則子
近世の百姓世界——白川部達夫
百姓一揆とその作法——保坂 智
宿場の日本史 街道に生きる——宇佐美ミサ子
江戸の捨て子たち その肖像——沢山美果子
京のオランダ人 阿蘭陀宿海老屋の実態——片桐一男
それでも江戸は鎖国だったのか オランダ宿日本橋長崎屋——片桐一男
江戸の文人サロン 知識人と芸術家たち——揖斐 高
葛飾北斎——永田生慈
北斎の謎を解く 生活・芸術・信仰——諏訪春雄
江戸の職人 都市民衆史への志向——乾 宏巳
江戸と上方 人・モノ・カネ・情報——林 玲子
江戸店《だな》の明け暮れ——林 玲子
エトロフ島 つくられた国境——菊池勇夫
災害都市江戸と地下室——小沢詠美子

歴史文化ライブラリー

浅間山大噴火――渡辺尚志
アスファルトの下の江戸 住まいと暮らし――寺島孝一
江戸八百八町に骨が舞う 人骨から解く病気と社会――谷畑美帆
道具と暮らしの江戸時代――小泉和子
江戸幕府の日本地図 国絵図・城絵図・日本図――川村博忠
江戸城が消えていく 『江戸名所図会』の到達点――千葉正樹
都市図の系譜と江戸――小澤 弘
江戸の地図屋さん 販売競争の舞台裏――俵 元昭
近世の仏教 華ひらく思想と文化――末木文美士
葬式と檀家――圭室文雄
幕末民衆文化異聞 真宗門徒の四季――奈倉哲三
江戸の風刺画――南 和男
幕末維新の風刺画――南 和男
ある文人代官の幕末日記 林鶴梁の日常――保田晴男
黒船来航と音楽――笠原 潔
江戸の海外情報ネットワーク――岩下哲典
黒船がやってきた 幕末の情報ネットワーク――岩田みゆき
幕末日本と対外戦争の危機 下関戦争の舞台裏――保谷 徹

近・現代史

幕末明治 横浜写真館物語――斎藤多喜夫
横井小楠 その思想と行動――三上一夫
旧幕臣の明治維新 沼津兵学校とその群像――樋口雄彦
水戸学と明治維新――吉田俊純
大久保利通と明治維新――佐々木 克
文明開化 失われた風俗――百瀬 響
西南戦争 戦争の大義と動員される民衆――猪飼隆明
明治外交官物語 鹿鳴館の時代――犬塚孝明
自由民権運動の系譜 近代日本の言論の力――稲田雅洋
福沢諭吉と福住正兄《ふくずみまさえ》 世界と地域の視座――金原左門
日赤の創始者 佐野常民《つねたみ》――吉川龍子
文明開化と差別――今西 一
天皇陵の近代史――外池 昇
明治の皇室建築 国家が求めた〈和風〉像――小沢朝江
明治神宮の出現――山口輝臣
宮武外骨《みやたけがいこつ》 民権へのこだわり――吉野孝雄
森 鷗外 もう一つの実像――白崎昭一郎
博覧会と明治の日本――國 雄行

歴史文化ライブラリー

- 公園の誕生 —— 小野良平
- 軍備拡張の近代史 日本軍の膨張と崩壊 —— 山田　朗
- 啄木短歌に時代を読む —— 近藤典彦
- 東京都の誕生 —— 藤野　敦
- 町火消たちの近代 東京の消防史 —— 鈴木　淳
- 鉄道忌避伝説の謎 汽車が来た町、来なかった町 —— 青木栄一
- 会社の誕生 —— 高村直助
- お米と食の近代史 —— 大豆生田　稔
- 近現代日本の農村 農政の原点をさぐる —— 庄司俊作
- 選挙違反の歴史 ウラからみた日本の一〇〇年 —— 季武嘉也
- 東京大学物語 まだ君が若かったころ —— 中野　実
- 子どもたちの近代 学校教育と家庭教育 —— 小山静子
- 海外観光旅行の誕生 —— 有山輝雄
- 関東大震災と戒厳令 —— 松尾章一
- モダン都市の誕生 大阪の街・東京の街 —— 橋爪紳也
- マンガ誕生 大正デモクラシーからの出発 —— 清水　勲
- 第二次世界大戦 現代世界への転換点 —— 木畑洋一
- 激動昭和と浜口雄幸 —— 川田　稔
- 昭和天皇側近たちの戦争 —— 茶谷誠一
- 帝国日本と植民地都市 —— 橋谷　弘
- 日中戦争と汪兆銘《おうちょうめい》 —— 小林英夫
- 文学から見る「満洲」「五族協和」の夢と現実 —— 川村　湊
- 「国民歌」を唱和した時代 昭和の大衆歌謡 —— 戸ノ下達也
- 特務機関の謀略 諜報とインパール作戦 —— 山本武利
- 〈いのち〉をめぐる近代史 堕胎から人工妊娠中絶へ —— 岩田重則
- 戦争とハンセン病 —— 藤野　豊
- 皇軍慰安所とおんなたち —— 峯岸賢太郎
- 日米決戦下の格差と平等 銃後信州の食糧・疎開 —— 板垣邦子
- 敵国人抑留 戦時下の外国民間人 —— 小宮まゆみ
- 銃後の社会史 戦死者と遺族 —— 一ノ瀬俊也
- 国民学校 皇国の道 —— 戸田金一
- 学徒出陣 戦争と青春 —— 蜷川壽惠
- 〈近代沖縄〉の知識人 島袋全発の軌跡 —— 屋嘉比　収
- 沖縄戦　強制された「集団自決」 —— 林　博史
- 太平洋戦争と歴史学 —— 阿部　猛
- スガモプリズン 戦犯たちの平和運動 —— 内海愛子
- 戦後政治と自衛隊 —— 佐道明広
- 紙　芝　居 街角のメディア —— 山本武利

歴史文化ライブラリー

文化史・誌

歴史文化ライブラリー

- 数え方の日本史 ―― 三保忠夫
- 武道の誕生 ―― 井上 俊
- 日本料理の歴史 ―― 熊倉功夫
- 日本の味 醤油の歴史 ―― 林 玲子・天野雅敏 編
- アイヌ文化誌ノート ―― 佐々木利和
- 宮本武蔵の読まれ方 ―― 櫻井良樹
- 流行歌の誕生 「カチューシャの唄」とその時代 ―― 永嶺重敏
- 日本語はだれのものか ―― 川口 良・角田史幸
- 「国語」という呪縛 国語から日本語へ、そして〇〇語へ ―― 川口 良・角田史幸
- 昭和を騒がせた漢字たち 当用漢字の事件簿 ―― 円満字二郎
- 柳宗悦と民藝の現在 ―― 松井 健
- 遊牧という文化 移動の生活戦略 ―― 松井 健
- 薬と日本人 ―― 山崎幹夫
- マザーグースと日本人 ―― 鷲津名都江
- バイオロジー事始 異文化と出会った明治人たち ―― 鈴木善次
- ヒトとミミズの生活誌 ―― 中村方子
- 書物に魅せられた英国人 フランク・ホーレーと日本文化 ―― 横山 學
- 夏が来なかった時代 歴史を動かした気候変動 ―― 桜井邦朋
- 天才たちの宇宙像 ―― 桜井邦朋

民俗学・人類学

- 日本人の誕生 人類はるかなる旅 ―― 埴原和郎
- 歴史と民俗のあいだ 海と都市の視点から ―― 宮田 登
- 神々の原像 祭祀の小宇宙 ―― 新谷尚紀
- 女人禁制 ―― 鈴木正崇
- 役行者《えんのぎょうじゃ》と修験道の歴史 ―― 宮家 準
- 民俗都市の人びと ―― 倉石忠彦
- 鬼の復権 ―― 萩原秀三郎
- 海の生活誌 半島と島の暮らし ―― 山口 徹
- 山の民俗誌 ―― 湯川洋司
- 雑穀を旅する ―― 増田昭子
- 自然を生きる技術 暮らしの民俗自然誌 ―― 篠原 徹
- 川は誰のものか 人と環境の民俗学 ―― 菅 豊
- 番と衆 日本社会の東と西 ―― 福田アジオ
- 記憶すること・記録すること 聞き書き論ノート ―― 香月洋一郎
- 番茶と日本人 ―― 中村羊一郎
- 踊りの宇宙 日本の民族芸能 ―― 三隅治雄
- 日本の祭りを読み解く ―― 真野俊和
- 江戸東京歳時記 ―― 長沢利明

歴史文化ライブラリー